In steter Erinnerung
an meine geliebte Rita.

Friedel Zimmermann

Der Zeitpunkt
der Geburt Christi
und unser Kalender

oder:

**Was hat die Astronomie
mit der Bibel zu tun?**

Bibliografische Information der Deutschen Nationalbibliothek:
Die Deutsche Nationalbibliothek verzeichnet diese Publikation
in der Deutschen Nationalbibliografie; detaillierte bibliografische
Daten sind im Internet über dnb.dnb.de abrufbar.

© 2018 Friedel Zimmermann
Herstellung und Verlag:
BoD – Books on Demand, Norderstedt

ISBN 978-3-7481-2115-2

Inhalt

Seite

1. Einleitung
Unser Kalender

Seit alters her hat der Mensch schon ein Bewusstsein für die Natur entwickelt und dabei immer wieder bestimmte Ereignisse beobachtet, die in regelmäßigen Abständen den zeitlichen Ablauf in seiner Welt bestimmten. Da war zunächst die Sonne, die für Tag und Nacht bestimmend war. Aber auch der Mond wurde für die Festlegung längere Zeitabstände herangezogen. Denn es hat sich gezeigt, dass zwischen Vollmond und dem nächst folgenden, 30 Tage vergingen und dadurch hatte man den Monat, es war die Zeit zwischen zwei Monden, als weitere Zeitmessung bestimmt. Auch blieb dem Menschen nicht verborgen, dass selbst im Verlauf mehrere Monate eine regelmäßige Veränderung sich in der Natur zeigte, die mit dem Stand der Sonne am Himmel beobachtet wurde.

Denn man sah, dass die Sonne im Laufe vieler Monate nicht nur täglich von Ost nach West wanderte, sondern auch über einen längeren Zeitraum, von Süd nach Nord und wieder zurück, ihren Standort veränderte. Man konnte dabei beachten, dass dadurch sich auch die Verhältnisse auf der Erde ständig und in gleichen Maßen wandelten. Stand die Sonne hoch am Himmel war es warm und es wuchs und gedeihet alles. War sie aber im tiefen Sonnenstand, dann war es kalt und die Natur wie im Schlaf und das Wachstum war eingestellt. Bei alle dem bemerkte man auch, wie sich Hell-Dunkel-Zeiten des Tages veränderten. Stand die Sonne hoch, war es länger hell als in der Zeit, in der die Sonne tief am Firmament zu sehen war. Bei all diesen Betrachtungen konnte man auch bemerken, dass es alle sechs Monate einen Tag gab, an dem der Tag und die Nacht gleich lang waren. Es wurde also die Tag- und Nacht-Gleiche gefunden, an der auch die Natur eine bemerkenswerte Verwandlung durchführte. Der Mensch erkannte also, bedingt durch all diese Vorkommnisse, wie sich alle 12 Monate die Ereignisse in seiner Umwelt dermaßen umformten und wiederholten, dass er nun durch diese Begebenheiten in der Lage war, bestimmte Zeiten für sein Tun und Schaffen fest zu legen. Er hatte nun 12 Monate, die sich durch stets wiederkehrende Zeitabschnitte, als weitere Grundlage für die Bindung der Zeit gefunden. Es war das Jahr, das er eben für seine Planung einsetzen konnte. Gerade für die Landwirtschaft war es wichtig, eine von den konkreten Wetterbedingungen unabhängige Bestimmung der Zeitpunkte für Aussaat und Ernte vornehmen zu können.

Man war fortan in der Lage, auch über längere Zeiträume hinweg Termine und Fristen zu bestimmen. Aus diesen Überlegungen heraus hat man sogleich auch einen festen Plan der Zeitlich anfallenden Begebenheiten anfertigen können. Der Kalender war erfunden.

Die weitere Be- und Überarbeitung des Kalenders geschah nun auf die verschiedenste Weise, die je von der bestehenden Kultur oder auch Religion beeinflusst und geprägt war. Die ältesten heute noch bekannten Kalender stammen aus den frühen Hochkulturen Ägyptens und Mesopotamiens. Von den Babyloniern ist bekannt, das bei ihnen schon der sieben Tage Wochenzyklus praktiziert wurde, wobei es aber nicht überliefert ist, ob sie zu den ersten gehörten, die die Woche einführten. Eine andere Quelle zeigt auch, dass die Woche zu den ältesten Kalendereinheiten gehört. Ihr Ursprung ist unbekannt, es wird jedoch vermutet, dass sie von der jüdischen Tradition übernommen wurde, denn im Alten Testament, auf das sich das Judentum bezieht, ist in der Schöpfungsgeschichte zu lesen, dass Gott die Welt in sechs Tagen erschuf und am siebten Tage ruhte. Es wurde daraufhin nach sechs Arbeitstagen einen Ruhetag gefordert. Aus der Geschichte geht auch hervor, dass das jüdische Volk von den Babyloniern unter ihrem König Nebukadnezar II 586 v.Chr., überfallen und in die Gefangenschaft nach Babylon geführt wurden. Diese dauerte dann bis ins Jahr 538 v.Chr., aus der sie durch den Perserkönig Kyros den Großen befreit wurden. Die Vermutung liegt also nahe, dass in dieser Zeit das babylonische Volk die Sieben-Tage-Woche von den Juden übernommen hat. Folgend kann man nun annehmen, dass sich die Woche aus dem vorderen Orient heraus verbreitet hat.

Aber auch auf dem europäischen Kontinent wurden einige Funde gemacht, die ebenfalls auf die frühe Benutzung von Elementen hinweisen, die man schon zur Bestimmung des Sonnenstandes und der damit verbundenen Festlegung der Jahreszeiten benutzte. So entdeckte man zum Beispiel schon in frühester Epoche in England die große Steinkreisanlage von Stonehenge die, wie man in späterer Zeit herausfand, auch für kultische Zwecke angewendet wurde. Man vermutet, dass der Ursprung dieser religiösen Stätte schon vor etwa 7.000 Jahren die Menschen beschäftigte. Auch in Deutschland fand man im Jahre 1999 eine Himmelsscheibe, die offenbar astronomische Phänomene und religiöse Symbole darstellt. Auch sie wurde vermutlich für kultische Begebenheiten in Anspruch genommen. Aber selbst auf der kreisrunden Bronzescheibe wurden durch entsprechende Goldauflagen die Himmelsdarstellung und jahreszeitlichen Bestimmungen symbolisiert. Sie wurde bekannt als die Himmelsscheibe von Nebra. Ihr Alter wird auf etwa 4.000 Jahre geschätzt.

In den folgenden Jahrhunderten gab es nun eine Vielzahl von Kalendern, die jeweils von Land und Kulturen abhängig waren.

So zählt z.B. der Jüdische Kalender die Zeit nach der biblischen Schöpfung der Welt und ist nach deren Chronik auf das Jahr 3761 v.Chr. berechnet.

Der Römische Kalender, der später durch Julius Cäsar reformiert wurde, zählt ab dem Datum 753 v.Chr., der Gründung Roms (a.u.c.- ab urbe condita).

Der Islamische Kalender ist bezogen auf die Flucht Mohammeds von Mekka nach Medina im Jahr 622 n.Chr. genannt „Hedschra". Dieser Zeitrechnung liegt der Lunar (Mond) Kalender zu Grunde und ist dadurch etwa 11 Tage kürzer als der, der nach dem Sonnenjahr der christlichen Zeitrechnung gerichtet ist.

Diese christliche Chronologie wurde nun auch schon im frühen Christentum eingeführt. Sie übernahmen zwar den Julianischen Kalender, rechneten aber die Zeit nach Christi Geburt. Die Tag-und -Nacht-Gleiche, die auf dem Konzil von Nicäa im Jahr 325 auf den 21. März festgelegt worden war, fiel im Jahr 1582 auf den 11. März. Unser Kalendarium in der Form wie wir es heute benutzen, stammt aus diesem Jahre 1582. Es ist weltweit überwiegend als der Gregorianische Kalender bekannt und in Gebrauch. Wie sich nun im Laufe der Jahrhunderte gezeigt hatte, war der aktuelle Kalender nicht mehr Zeitgleich mit dem Stand der Sonne. Das lag daran, dass die julianische Kalenderrechnung die Jahreslänge mit 365,25 Tagen berechnete, also mit 365 Tagen und sechs Stunden. Der genaue Jahreszeitlauf der Sonne beträgt aber 365 Tage 5 Stunden 48 Minuten und 46 Sekunden. Hier lag nun der Fehler. Es waren etwa 11 Min. die dem Jahr mehr zugeschrieben wurde als ihm zustand. Dieser Umstand war besonders auffällig bei der Tag und Nacht-gleiche, die nach alter und heutiger Rechnung am 21. März stattfindet. Im Jahre 1582 aber nach damaligem Kalender schon am 11. März vorkam. Da aber nach dem Frühlingsanfang das christliche Osterfest berechnet wird, - Es ist am ersten Sonntag nach dem ersten Frühlingsvollmond -, so war dieser, für die Christen wichtige Tag bereits 10 Tage zu früh.

Dies führte nun dahin, dass eine Kalenderreform notwendig wurde.

Ein vom Vatikan eingesetztes Gremium, unter dem Vorsitz des deutschen Jesuiten Christophorus Clavius, hatte nun die Aufgabe, dass das Primär-Äquinoktium, also die erste Tag-und Nachtgleiche im März, wieder in die Nähe des 23. März, wie ursprünglich im Julianischen Kalender 46 v.Chr. bestimmt, zu verlegen. Man wurde sich einig darüber, dass die mittlerweile angelaufenen zu viele 10 Tage aus dem Kalender gestrichen werden. Wegen der besonderen Bedeutung des Sonntags wurden die laufenden Wochentage nicht geändert.

Die Reform erfolgte durch Papst Gregor XIII. in der päpstlichen Bulle „*Inter gravissimas curas*" vom 24. Februar 1582. Daraus ging dann hervor, dass auf Donnerstag, den 4. Oktober, Freitag, der 15. Oktober folgte. Man wählte den Monat daher, weil in diesem Zeitraum die wenigsten Heiligenfeste stattfanden. Somit richten sich noch heute die meisten Länder der Welt, vor allem die Industriestaaten, nach diesem 1582 reformierten Kalender in Bezugnahme auf Christi Geburt im **„Jahre 0"**.

Hierbei muss aber noch erwähnt werden, dass in der Zeitrechnung von Historikern das Jahr „0" nicht vorkommt. Denn diese Ziffer war z.Zt. der Antike in unseren Breiten noch unbekannt und kam daher noch nicht zur Geltung. Sie wurde erst im 7.Jh. n.Chr. durch die Inder entwickelt. Es ist somit möglich, dass das Jahr 1 **v.Chr.** aus der historischen Betrachtungsweise dem Jahr 0 aus astronomischer Sicht gleicht. Von der Bedeutung her hat das nun im Grunde mit Astronomie nichts zu tun, es hatte sich nur schon in früheren Jahren gezeigt, dass es rein mathematisch die Zählungsweise der vor und nachchristlichen Zeit vereinfacht. Es ergab sich z.B. in der Berechnung der Schaltjahre, dass durch das einfügen des „Jahres 0", die Regelung der vierer Teilbarkeit erhalten blieb.

Genau genommen kann ein Jahr 0 gar nicht als die Bezeichnung für das Jahr vorkommen, denn 0 ist 0, also nicht existent. Sie kommt nur dann zur Geltung, wenn sie als Beginn oder Start für eine Zeit steht. Denn nach der 1.sekunde ist sie bereits obsolet. Da diese sich schon als den ersten Zeitabschnitt im 1. Jahr darstellt. Somit kann die Null nur als fiktive Stelle für den Beginn einer Zeit stehen. Vergleichbar mit einem Punkt, der auch nur als eine gedachte Stelle im Raum steht. Er bekommt ebenso erst nur dann eine Bedeutung, wenn er sich in Form einer Linie fortbewegt, wodurch er dann auch nicht mehr existent ist

Der 25. Dezember galt in antiker Zeit schon in einigen Kulturen als der Start für das neue Jahr, weil ab hier die Tage wieder länger wurden.

2. Weihnachten, das Fest Christi Geburt.

Von jeher feiern die Christen die Geburt Jesu, nach Ostern, als das größte Fest ihres Glaubens im Kirchenjahr. Der erste Weihnachtstag fällt auf den 25. Dezember und bezieht sich auf diese Geburt Jesu in Bethlehem, wie sie im Matthäus- und Lukasevangelium beschrieben wird. Da in den Evangelien keine Angaben zum genauen Datum der Geburt gemacht werden, ist nicht sicher, dass Jesus tatsächlich an diesem Tag geboren wurde. Wann genau Jesus Christus geboren wurde, ist uns in diesen Botschaften und sonstigen Geschichtsbüchern leider nicht überliefert.

Warum dann der **25. Dezember,** und was wissen wir darüber.

Die Christenheit feiert dieses Ereignis seit dem 4. Jahrhundert, genauer gesagt seit dem Jahre 354, am **25.** Dezember. Erstmals wurde jener 25. Dezember ausdrücklich von Furius Dionysius Filocalus in seinem Chronograph erwähnt. Dieser Tag wurde durch einen Mönch namens Dionysius Exiguus im Jahr 525 „errechnet" und letztlich durch Papst Gregor XIII. im Jahre 1582 in dem neuen, nach ihm benannten (Gregorianischen) Kalender festgelegt. Dieser noch heute gültige Kalender bezieht sich auf die Zeit **nach Christi Geburt (n.Chr.).** Da aber der genaue Zeitpunkt zu jener Zeit nicht bekannt war, legte man diesen Termin eher willkürlich fest. Die Gründe für diesen Zeitpunkt suchte man eher in der Geschichte der damaligen bekannten Glaubensrichtungen. Nämlich, es war für die neue Christliche Religion einfacher, die bestehenden gebräuchlichen, heidnischen Festtage auch für ihre Feiertage zu übernehmen. Denn dadurch war es auch einfacher die Menschen auf diese Art leichter an jene Tage heranzuführen.

Daher wurden in den frühen Jahren des Christentums viele der christlichen Festtage mit den damals heidnischen Riten, Gebräuchen und Gedenktagen verbunden, um so einen „sanfteren" Übergang zu der neuen Religion zu bekommen.

Im römischen Reich feierte man zu dieser Zeit, vom 19. bis **25.** Dezember, das Fest der Saturnalien. Dieses dauerte über mehrere Tage und war dem Gott Saturn geweiht, der für die Saat und das daraus entstehende Wachsen und Gedeihen, also neues Leben, verantwortlich war. Weiterhin galt der **25.** Dezember zu der damaligen Epoche als Winter - Sonnenwende. Nach diesem Zeitpunkt wurden die darauf folgende Tage wieder länger und das galt als Neubeginn und Erwachen in der Natur.

Außerdem war unter den römischen Soldaten der Mithra-Kult, ein Glaube, der auf den persischen Religionsstifter Zarathustra (630-553 v.Chr.) zurückgeht, sehr verbreitet. Er erneuerte die ethische Lehre des Mithra-Kults, der im ursprünglichen eigentlich von ihm bekämpft wurde. Da dieser Glaube aus der indischen Vielgötterei herrührte, Zarathustra aber eher die monotheistische Glaubenslehre propagierte. Diese Verbreitung war durch die gewaltige Ausdehnung bedingt, die das römische Reich zur Zeit des christlichen Ursprungs erreichte. Da standen die Legionäre weit nach Osten, bis zum persischen Reich, an den Grenzen des Imperiums. Durch diese räumliche Ausdehnung, kamen die Soldaten mit der altpersischen Religion in Berührung. Nach deren Glauben wurde der **Sonnengott Mitra** auch durch eine Jungfrau an einem **25.** Dezember, in einer Höhle geboren. Nun galt er als die Menschwerdende Gottheit, der die Verbindung zu dem alleinigen Gott Ahura Mazda (zu Deutsch: Allweiser Herr) darstellte.

Auch der Sonntag war, wie der Name schon sagt, diesem Sonnengott heilig. Mitra war der Lehre nach ebenso der Stiertöter, dessen Blut die Erde immer wieder fruchtbar machte, dadurch war er auch der Welterlöser, der Mittler zwischen Gott und den Menschen. Der Stierkampf in Spanien läuft höchstwahrscheinlich in seiner Urform noch heute auf diese antike Glaubensform zurück.

Die Verbreitung des heidnischen Kultes sieht man hauptsächlich in starken Bewegungen innerhalb der römischen Truppen, dessen

Anschauung durch die Verlegung zum Teil ganzer Legionen, im gesamten Reich verbreitet wurde. Daher galt der Mitra Glaube auch als Soldatenreligion. Aber nicht nur bei den Offizieren und Soldaten, sondern auch in der großen Gruppe der Beamten, die für das Zoll- und Steuerwesen, sowie für die römischen Kurierdienste (Post) zuständig waren, war dieser Kult gerade in den oberen Klassen des Volkes sehr beliebt. Auf diese Begebenheit weisen noch heute entsprechende archäologische Funde hin, die man in diesen Breiten zu Tage förderte.

Jener Ritus hatte damals die besten Voraussetzungen, die neue Weltreligion im römischen Imperium zu werden. Aber diese Bewegung wurde letztendlich doch von dem heranwachsenden Christentum überwunden. Denn sie war nicht das Bekenntnis der Herrschenden und Besitzenden, sondern eher das der Unterdrückten und Armen, sowie der Dienerschaft und Sklaven. Somit wurde es zu einer Religion, die alle Bevölkerungsschichten ansprach und letztlich für sie da war. Sie war auch die erste Gemeinschaft, die für ihren Glauben missionierte. Hier sei besonders Paulus erwähnt, der noch als Saulus zuvor selbst ein großer Verfolger der Christen war, aber dann mit den anderen Aposteln und Weggefährten Jesu, die Lehre des neuen Christentums verbreitete. Da diese Belehrung von der Gleichsetzung aller Menschen vor Gott predigte, sowie sie sich auch auf allen Ebenen der Menschen annahm, gehört sie wohl zu der Gründung der Menschenrechte, wie sie ja noch heute bei uns ihre Gültigkeit haben. Ein weiterer Aspekt ist noch die jüdische Seite, die ja auch in den Anfangszeiten des Christentums eine große Rolle spielte. Chanukka dt.: „Weihung, Einweihung"; auch: Hanukkah oder Lichterfest, ist ein acht Tage dauerndes, jährlich gefeiertes **jüdisches Fest** zum Gedenken an die Wiedereinweihung des zweiten Tempels (des Serubbabelischen Tempels) in Jerusalem im Jahr 164 v.Chr. Es beginnt jeweils am **25. Tag** des Monats Kislew (November/Dezember).

Hintergrund:

Wie bereits erwähnt, erinnert Chanukka an die Wiedereinweihung des zweiten jüdischen Tempels in Jerusalem, im jüdischen Jahr

3597 (164 v.Chr.) nach dem erfolgreichen Makkabäer Aufstand der Juden Judäas gegen hellenisierte Juden und makedonische Syrer, wie er im Ersten Buch der Makkabäer und auch im Talmud überliefert ist. Die Makkabäer beendeten die Herrschaft des Seleukidenreiches über Judäa, beseitigten den im jüdischen Tempel von Griechen errichteten Zeus-Altar und führten den jüdischen Tempeldienst wieder ein.

Dies alles war höchstwahrscheinlich der gegebene Anlass um das Fest der Geburt von Jesus an diesem Tag, den **25.** Dezember zu feiern.
Nun aber erhebt sich hieraus die Frage: wenn Jesus nicht am

25. Dezember im „Jahre **0**" geboren wurde;

Wann dann?

Darstellung des Sonnengottes Mitra, auf einem Glasbemaltem Bild, unter Vorlage eines auf diesen Kult hinweisenden Ausschnitts eines Mosaikbodens, der aus römischer Zeit stammt.

Der Sonnengott fährt auf einem von Pferden gezogenen Wagen, mit einer Sonnenscheibe als Strahlenkranz gekrönt, von Ost nach West über das Firmament.

In dem Gespann umfassenden Ring sind zudem dazu Tierkreiszeichen der einzelnen Sternbildern erkennbar.

Zeit: etwa 2. Jh. n.Chr.
Fundort: Münster-Sarmsheim
            bei Bingen a. Rhein
wann: 1895 bei Erdarbeiten.

14

3. Spurensuche

Wie wir Anfangs erfuhren, stammen aus dieser Zeit keine eindeutigen schriftlichen Überlieferungen, aus denen ein bestimmtes Geburtsdatum zu ersehen wäre. Selbst die Evangelien sagen hierüber nichts Genaues aus. Es sind lediglich nur einige **Hinweise** angegeben, aus denen dann bestimmte Rückschlüsse zu ziehen sind. Um nun zu versuchen diese Frage zu klären, müssen wir in der Geschichte uns weit zurück begeben und zwar in die damalige Zeit, in der diese große Begebenheit passierte. Daher werden wir uns allen Fingerzeigen und Angaben aus der bekannten Literatur und Wissenschaft annehmen.

Es wird wohl nie genau und auch nachweislich zu klären sein, wann dieses Ereignis stattfand, aber wir werden versuchen, den Zeitpunkt so **plausibel** wie möglich heraus zu finden.

Dafür werden wir uns auch die Astronomischen Verhältnisse von damals näher betrachten. Denn es ist aus der Bibel bekannt, dass zum Zeitpunkt des Sterbens Jesu große Naturereignisse stattgefunden haben. Einen Hinweis auf solche Vorkommnisse gibt der Evangelist Matthäus, er schreibt in seiner Leidensgeschichte, nachdem Jesu gestorben war:

„Und siehe der Vorhang des Tempels zerriss von oben bis unten in zwei Stücke. Die Sonne verfinsterte sich, die Erde bebte und die Felsen zersprangen. Die Gräber öffneten sich, und viele Leiber der Heiligen, die entschlafen waren, standen auf. Sie kamen nach seiner Auferstehung aus den Gräbern, gingen in die Heilige Stadt und erschienen vielen".

Wenn sich also bei dem Sterben Jesu solche Geschehnisse ereignet haben, dann liegt doch die Vermutung nahe, dass auch seine Geburt ebenfalls mit solchermaßen Naturphänomenen begleitet wurde.

Um nun diese als solche zu erkennen, ist es nach so langer Zeit nicht einfach und es bedarf daher großen Bemühungen, um die Geschehnisse und Begebenheiten von damals eingehend zu recherchieren. Denn in den Geschichtsbüchern ist über diesen Zeitraum, was die Geburt Jesu betrifft, nichts bekannt. Selbst die Bibel weis über diesen zeitlichen Augenblick nicht allzu viel zu berichten.

Wir werden uns daher also nicht nur mit der antiken Geschichte, sondern auch mit deren Astronomie befassen.

Funde und Entdeckungen, die auf Himmelsbeobachtungen in der Antike hinweisen. Hier nur zwei Beispiele:

Die Himmelsscheibe von Nebra

Gefunden wurde sie am 4. Juli 1999 von Raubgräbern auf dem Mittelberg in der damaligen Gemeinde Ziegelroda nahe der Stadt Nebra in Sachsen-Anhalt.

Stonehenge

Die Steinkreise sind ein in der Jungsteinzeit errichtetes und mindestens bis in die Bronzezeit genutztes Bauwerk in der Nähe von Amesbury in Wiltshire in England.

4. Astronomie in der Antike.
Warum Astronomie?

Man wird sich nun die Frage stellen, was hat das alles mit Astronomie zu tun. Nun, wie uns aus der Bibel bekannt ist, war dieses Ereignis mit einer bestimmten Himmelserscheinung verbunden. Aber die Frage bleibt, ob zur damaligen Zeit die Menschen in der Lage waren solche Himmelserscheinungen zu deuten und wie weit war ihr Wissen über unser „Himmelszelt".

Aus alten Überlieferungen weiß man, dass sich schon die Menschen im alten Mesopotamien mit der Beobachtung des Firmamentes befassten. Die Babylonier wie auch die Assyrer und Perser bewahrten Aufzeichnungen ihrer Himmelsbeobachtung, die schon damals zur Zeitmessung oder zu astrologischen Voraussagungen genutzt wurden. Auch die Sumerer erstellten schon nach ihren astronomischen Beobachtungen einen Kalender.

Des Weiteren haben sich die Menschen in dieser antiken Zeit auch mit den Tierkreiszeichen und den damals bekannten Planeten beschäftigt. Man war der Auffassung, dass die Götter durch diese himmlischen Zeichen sich mit den Erdenbürgern in Verbindung setzen. In den bekannten Planeten sah man sogar die Götter sich selbst darstellend zeigten. Die Himmelserscheinungen wurden durch die Astrologen meist auch auf Deutungen für politische, militärische wie auch gesundheitliche Voraussagungen benutzt. Wobei sie meist dem jeweiligen Herrscher als Berater zur Seite standen. Der Grundsatz galt: *„Wie im Himmel, so auf Erden".*

Im persischen Reich sahen sich diese Astrologen, auch „Magi" genannt als Heiler, Seher und Traumdeuter. Weiterhin galten sie auch als die Erben des Propheten und Religionsstifter Zarathustra. Dieser lehrte schon den Monotheismus der ebenso im Dualismus das Böse (Teufel) dem Guten (Gott) gegenüber stellte. Sie sahen sich auch als Priester in ihrer Religion bestätigt. Gleichfalls war schon in seiner Lehre die Astrologie mit einbezogen. Dadurch geprägt, haben sich die Magi oder Astrologen sehr mit den Beobachtungen am

Himmel beschäftigt und alle Ereignisse die sie erkannten auch aufgezeichnet.

Aus alten Quellen von Zoroastrischen Legenden kann man erkennen, dass schon Zarathustra die Geburt des Messias durch das Erscheinen eines Sterns angekündigt hat. Hierdurch wurde bereits die religiöse Bedeutung dieses Ereignisses hervorgehoben. Im letzten Jahrhundert hat man in Babylon antike Tontäfelchen gefunden, auf denen diese astronomische Konstellation beschrieben wurde.

Die Astrologie war also damals in der bekannten Welt, rund um das Mittelmeer und im fernen Orient, bis weit nach China, eine hoch angesehene Wissenschaft, die in allen gesellschaftlichen Schichten ihr Ansehen genießen konnte. Man war der allgemeinen Auffassung, dass alle wichtigen Ereignisse auf der Erde, durch gelegentliche Phänomene am Himmel in der Sternenwelt angezeigt würden.

Es waren also die legendären Voraussagen Zarathustras die bewirkten, dass sich die Weisen auf den damals wohl langen und beschwerlichen Weg aufmachten, um diesem neugeborenen König ihre Ehre und Huldigung zu erweisen.

Ferner wurden diese Ehrerweisungen auch noch durch entsprechende Darbietungen und Geschenke hervorgehoben. Wie bekannt, brachten die Weisen Gold, Weihrauch und Myrrhe dar. Diesen wertvollen Gaben wurde doch eine große Bedeutung beigemessen. Denn Gold galt als Geschenk, dass Königen zugedacht war, Weihrauch als das Symbol des Religiösen und Göttlichen und Myrrhe für Leiden und Sterblichkeit.

Die ersten Zeugnisse antiker Dokumentation

Auf solchen Tontafeln von Babylonien und Persien, hat man auch astronomische Aufzeichnungen aus Antiker Zeit gefunden, die sich mit der Planetenkonjunktion von Jupiter und Saturn befassten.

5. Hinweise
Altes Testament

Dort heißt es im Numeri dem 4. Buche Mose und zwar im Kapitel 24 Vers 17:

„Ich sehe ihn, aber nicht jetzt; ich schaue ihn, aber nicht von nahe. Es wird ein Stern von Jakob aufgehen und ein Zepter von Israel aufkommen und wird zerschmettern die Fürsten der Moabiter und verstören alle Kinder des Getümmels. "

Mit diesem Stern war schon ein Hinweis für ein Zeichen des in großer Erwartung kommenden Messias gedacht, der ist nun in dem Zusammenhang doch sehr bemerkenswert.

Im 5. Kapitel des Propheten Micha Vers 1 heißt es:

„Und du Bethlehem die du klein bist unter den Städten in Juda, aus der soll mir der Kommen, der in Israel Herr sei welches Ausgang von Anfang und von Ewigkeit her gewesen ist. "

Des Weiteren finden wir im Buche des Propheten Jesaja Kapitel 60 Vers 6, den Eintrag über die Darbringung von Geschenken für den Messias. Denn da steht geschrieben:

„Denn die Menge der Kamele wird dich bedecken, die jungen Kamele aus Midian und Epha. Sie werden aus Saba alle kommen, Gold und Weihrauch bringen und des Herren Lob verkündigen. "

Selbst in den Psalmen sind Schriftstücke enthalten, die auf jenes Ereignis hinweisen. Man liest dort im Psalm 72 Vers 10:

„Die Könige zu Tharsis und auf den Inseln werden Geschenke bringen; die Könige aus Reicharabien und Seba werden Gaben zuführen. "

Und weiter heißt es in Vers 15:

„ Er wird Leben und man wird ihm Gold aus Reicharabien geben. "

Prophezeiung Kindermord Jer.Kap.31 Vers 15

„Man hört eine klägliche Stimme und bitteres Weinen auf der Höhe; Rahel weint über Ihre Kinder und will sich nicht trösten lassen über ihre Kinder, denn es ist aus mit ihnen. "

Hierzu muss man wissen, dass Rahel die Frau Jakobs war, die bei der Geburt eines Sohnes starb und in der Nähe Bethlehems begraben wurde. Die Kinder, die sie beweint, sind die Verbannten die von ihrem Sohne Josef abstammten. Sie waren demnach auch die Verlorenen, die auf diese schreckliche Tat hinwiesen. Zumindest wurde das später durch den Evangelisten Matthäus so als eine Art geistige Verbindung zu den getöteten Kindern von Bethlehem gebracht. Einen weiteren Anhaltspunkt finden wir im ersten Buch der Könige im 9. Jh. v.Chr.

Hier wird die Zeit beschrieben, in der das Land Israel nach dem Tode von König Salomon in große Uneinigkeit und Bedrängnis fiel, was dann zur Folge hatte, dass man das Reich in Juda und Israel teilte.

Hier nur ein Auszug und Kurzfassung ab Kap. 12.

Nach Salomos Tod kehrte Jerobeam, der nach einer fehlge-schlagenen Verschwörung gegen den Herrscher im Exil gelebt hatte, aus Ägypten zurück. Eine von ihm geführte Abordnung forderte von Salomos Sohn und Nachfolger Rehabeam die Garantie für Reformen, was dieser jedoch ablehnte. In der nun folgenden Auseinandersetzung fand Jerobeam Unterstützung durch den ägyptischen König Scheschonk I. (Regierungszeit 946-913 v.Chr.), der mit biblischem Namen Schischak hieß. Er drang in Rehabeams Königreich ein, plünderte und raubte schließlich den Tempel aus.*) Das Reich wurde geteilt, und als Jerobeam I. trat der Rebell die Herrschaft über die nördlichen Landesteile an. Nach biblischer Überlieferung gehörten zum Königreich Israel zehn der zwölf Stämme, nämlich alle mit Ausnahme von Juda und Benjamin. Rehabeam regierte im Süden das spätere Königreich Juda. Es umfasste ein Gebiet von rund 775 Quadratkilometern und hatte nur noch eine untergeordnete Bedeutung. In Dan und Bethel errichteten die Israeliten eigene Heiligtümer, und obgleich die Bewohner beider Staaten sich nach wie vor als ein Volk fühlten, blieben sie politisch getrennt.

*)Es ist wahrscheinlich auch der Zeitpunkt, in der die Bundeslade gestohlen wurde, denn sie wird hernach im AT nicht mehr erwähnt. Ihr Verbleib ist seither unbekannt.

In den nächsten beiden Jahrhunderten prägte eine Vielzahl von Kämpfen zwischen Kleinstaaten die jüdische Geschichte. So führten Israel, Juda, Moab, Edom und Damaskus Krieg gegeneinander. Zu Beginn des 9. Jahrhunderts v.Chr. erlangte Israel unter König Omri, der zuvor Feldhauptmann war, (Regierungszeit 876-869 v.Chr.) einen Teil seiner alten Macht zurück. Um 870 v.Chr. gründete Omri Samaria als Hauptstadt Israels und leitete eine Phase des Friedens ein. Unter Ahab, seinem Sohn und Thronfolger, wurde das Reich durch einen innenpolitischen Streit um religiöse Fragen zerrüttet. Ahabs Frau Isebel, eine Prinzessin von Tyrus, förderte den Baalkult und stellte dadurch die alleinige Verehrung Jahwes in Frage. Dies führte zu einem religiös wie auch politisch motivierten Sturm der Entrüstung. Eine Reihe von Propheten versuchte, das Gewissen des Volkes wachzurütteln. So riefen im Nordreich die Propheten Elia, Elisa, Amos und Hosea dazu auf, zu den Werten und Traditionen zurückzukehren, die sich in der Nomadenzeit entwickelt hatten. In Juda kämpften die Propheten Jesaja und Micha gegen Idolatrie und Prunksucht. Im 8. Jahrhundert v.Chr. hatte Assyrien sich zur entscheidenden Macht im Mittleren Osten aufgeschwungen und stand nun an den Grenzen der geschwächten Reiche.

Dies war wohl die Zeit in der im ganzen Lande die Menschen nun auch wieder die Sehnsucht ergriff, dass die Reiche Juda und Israel mit all ihren Stämmen zu einem Staat zusammen wachsen würden. In der Hoffnung, dass dies auch geschehen werde, sind doch einige Propheten an Herrscher und Volk herangetreten um sie zur Umkehr zu Bewegen. Das war dann der Moment, in dem die Prophetie zu der Wiedervereinigung des ganzen Volkes Israel unter einem Herrscher, Messias auch Erlöser geweissagt wurde. Als ein äußeres Zeichen, die die Aussagen bekräftigen würden, ist daher auch die erste bekannte Konjunktion zwischen Jupiter und Saturn im Sternbild der Fische zu erkennen, im Jahre 864 v.Chr., die also genau in dieser Zeit, am Firmament zu beobachten war.

Konjunktionen von Jupiter und Saturn in den Sternbildern von 980 v.Chr. bis 2556 n.Chr. Hierbei handelt es sich um Größte Konjunktionen, das heißt in einem knappen Jahr, können sogar *drei* Begegnungen stattfinden

	Jahr	Sternbild		Jahr	Sternbild		Jahr	Sternbild.
	v.Chr			n.Chr.			n.Chr.	
1	980	Wasserm.	8	332	Waage	17	1603	Scorpion
2	864	Fische[2]	9	411	Stier	18	1682	Löwe
3	821	Stier			/Zwilling	19	1821	Widder
4	523	Jungfrau	10	452	Waage	20	1940	Stier
5	403	Waage	11	709	Krebs	21	1980	Waage
6	146	Krebs	12	967	Widder	22	2238	Stier
7	7	Fische *	13	1007	Löwe	23	2279	Waage
			14	1265	Zwilling	24	2338	Jungfrau
			15	1305	Waage	25	2355	Stier
					/Skorpion	26	|||	
			16	1425	Skorpion	27	2556	Fische[3]

Eine Konjunktion von Jupiter und Saturn im Sternbild Fische.
Diese Begegnung kam in dem o.g. Zeitraum bisher nur zweimal vor und das geschah v.Chr.
Anmerkung*: Aber nur 7 v.Chr. gab es in den Fischen **3** Konjunktionen.
Anmerkung[2]: Die erste Konjunktion, die zu der Geschichte passt, steht im 1. Buch der Könige und ist im Jahre **864 v.Chr.** In diesem Jahr traten das Planeten-Duo am 1. März um 04:40h in den Beobachtungskreis am Himmel über Jerusalem ein. Sie wurden begleitet von dem Planeten Venus, der nur 15 Min. später um 04:55h folgte. In dem gleichen Jahr gab es am 01. Oktober dann noch eine 2. Konjunktion, bevor sie dann am 10. November um 22:00h mit Saturn, gefolgt von Jupiter um 22:17h den beobachtbaren Himmelsbereich wieder über den Horizont verließen.
Anmerkung[3]: Nach Christus ist diese Konjunktion im Zeichen der Fische erst wieder im Jahre **2556 n.Chr.** (Auf Jerusalem bezogen ist der Eintritt in den Sichtbarkeitsbereich am 10. Mai. Wobei Jupiter mit Venus um 3:01h den Horizont überschreitet. Saturn folgt um 3:11h zehn Min. später.)
Die erste und einzige Begegnung zwischen Jupiter und Saturn für das angezeigte Jahr, findet am 10. Juni statt.

6. Bibelbezug
Neues Testament

Im Matthäus-Evangelium 2. Kapitel Vers 2 heißt es:
„Wo ist der neugeborene König der Juden? Wir haben seinen Stern gesehen im Morgenland und sind gekommen, ihn anzubeten."
Weitere Passagen die auf dieses Geschehen hinweisen, sind im Alten Testament zu finden. Aber das haben wir im vorigen Kapitel behandelt. Dies sind zwar alles Hinweise auf ein Ereignis, deuten aber in keinem Fall auf einen entsprechenden Zeitpunkt hin.

Wir müssen uns also die damaligen Vorkommnisse etwas genauer unter die „Lupe" nehmen. Wie oben im Evangelium verkündet kamen „Weise" aus dem Morgenland nach Jerusalem um dem neugeborenen König zu huldigen. Bei diesen Männern handelte es sich höchstwahrscheinlich um o.g. „Magie", Weise oder auch Astrologen, die sich vornehmlich mit der damaligen Sternenkunde beschäftigten. Wie viele es nun waren die sich zu dem Kreis der Weisen zählten, ist nicht überliefert. - Erst im Mittelalter machte man aus jenen Männern drei Könige, denen man sogar Namen zuordnete - Es lag also nahe, diesen neuen königlichen Erdenbürger auch in einem Königspalast zu suchen.
Wie man nun aus der Bibel, sowie auch aus anderen Geschichtsbüchern weiß, war zu dieser Zeit die Herrschaft des „Herodes der Große" von Judäa. Genau in diese Regierungszeit, so schreibt Matthäus in seinem Evangelium, wurde Jesus in Bethlehem geboren. Jetzt weiß man allerdings aus den historischen Aufzeichnungen heraus, dass Herodes im Jahre 750 nach der Gründung Roms, a.u.c. - und die war im Jahre 753 vor Christus – demnach im Jahre 4 v.Chr. starb.
Auch ist ja bekannt, dass genau dieser Herodes für den damaligen Kindermord in Bethlehem verantwortlich war. Der jüdische Geschichtsschreiber Flavius Josephus hat diesen König als „scharfsinnigen Politiker und grausamen Tyrann" bezeichnet. Denn

dieser Kindermord geschah nachdem die Weisen nicht mehr zurück zu Herodes kamen, um ihm den Ort zu nennen, an dem sie das Kind angetroffen hatten. Vor Zorn erließ er den Befehl alle männlichen Kinder zu Bethlehem und an seinen ganzen Grenzen zu töten, die zweijährig und darunter waren, nach der Zeit, die er von den Weisen erlernt hatte. So geschrieben im Matthäus Evangelium 2.16.

Aus diesem Bericht kann man also ableiten, dass die Geburt Jesu also schon mindesten zwei Jahre vor Herodes Tode stattfand. Damit wären wir nun etwa 6 Jahre **vor** dem angeblichen Geburtsjahr.

Einen weiteren Hinweis auf diese Epoche finden wir im Evangelium nach Lukas. Im 2. Kapitel Vers 1u.2 wird erwähnt, wer zu dieser Zeit die römischen Regierungsgeschäfte führte. Da war zum Ersten, Gaius Octavius (63 v.Chr.-14 n.Chr.), erster römischer Kaiser, ihm wurde vom Senat der Ehrentitel Augustus (Der Erhabene) verliehen (27 v.Chr.-14 n.Chr.). Wie Historiker ergründeten war er es, der auch die damalige Volkszählung im Jahre 8 v.Chr. durch einen Erlass aus seinem eigenen Bericht heraus auf den Weg brachte. Zum Zweiten war damals Cyrenius Landpfleger von Syrien. Aus der Geschichte geht hervor, dass Cyrenius im Jahr 6 n.Chr. dieses Amt durch kaiserlichen Befehl ausübte. Hiernach müsste nun das Datum der Christi Geburt vorverlegt werden. Aber einige Bibelforscher fanden heraus und sind daher der Meinung, dass Cyrenius 13 Jahre vorher schon einmal Legat in Syrien war, in der Zeit auch eine erste Volkszählung stattgefunden hat. Volkszählungen waren in damaliger Zeit wichtig, den das Reich war groß und für die Steuereinnahmen, die ja zur Erhaltung der Kultur und für den Ausbau der Infrastruktur von Nöten waren, war es von großer Bedeutung zu wissen, wer alles im ganzen Imperium zu derlei Zahlungen verpflichtet war. Eine ganze Reihe von Wissenschaftlern hat sich somit auf eine Zeitspanne die sieben oder sechs Jahre vor dem angeblichen Geburtsjahr war, geeinigt.

Einen dritten und auch am meisten bekannten Anhaltspunkt bietet nun der Stern von Bethlehem. In der darstellenden Kunst hat man eben diesen Hinweis meist als einem Stern mit einem Schweif abgebildet. Bei einer derartigen Ansicht handelt es sich nun aber nicht um einen Stern, sondern sie beschreibt die eindeutige Charakteristik eines Kometen. Nur, ein solches Ereignis fand nach heutiger Erkenntnis in dem damaligen Zeitraum nicht statt. Auch andere Erscheinungen, durch z.B. eine Nova oder auch Super Nova, die auf eine solche Vorstellung hinweisen würden, sind durch derzeitiges Wissen auszuschließen.

Hier erhebt sich auch nun eine dringend weitere Frage:

Wie folgt man einem Ereignis, das sich hunderte Millionen von Kilometer entfernt am Himmel befindet?

Hier die Abbildung der Planeten, die uns durch die nachfolgende Geschichte begleiten.

Saturn

Durch seine charakteristischen Ringe Zählt er zu den schönsten Objekten am Nachthimmel. Das dunkle Band in der Mitte der Ringe ist auch als die Cassiniteilung bekannt.

Jupiter

Er ist der größte in unserem System. Besonders auffallend seine Wolken-Struktur und der „Große rote Fleck". Ein seit einigen hunderten Jahren andauernder Wirbelsturm. Der dunkle Punkt in der Mitte ist der Schatten einer seiner vier großen galiläischen Monde.

7. Bedeutung von Himmelserscheinungen:

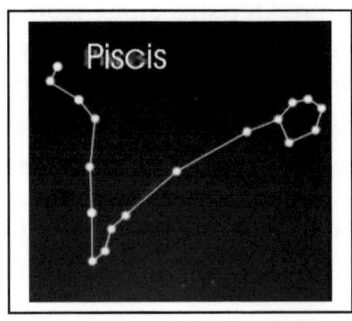

a. Sternbild: **Fische**

Fische (lat. *Piscis*) spielten in der Antike eine große Rolle. Gehörten sie doch, ehemals noch mehr als heute, einer gewässernahen Bevölkerung zu den Grundnahrungsmitteln. Auch in den Evangelien ist bei der Speisung der Menschen durch Jesus und seine Jünger immer von Brot und Fischen die Rede. So ist es auch nicht weiter verwunderlich, dass sie mit zum Symbol in vielen Bereichen der einstigen Kulturen Verwendung fanden. Selbst in den Tierkreiszeichen an unserem Sternenhimmel erreichten sie in der Ekliptik ihren festen Stammplatz und sind so schon als eines der 12 Sternbilder der Antike von den Ägyptern und Babyloniern benutzt worden. Sternbilder dienten in vielen Kulturen als Orientierung am Himmel und waren für Reisende zu Land und zu Wasser von großer Bedeutung. Es wurden auch vielfach die Jahreskreiszeichen den einzelnen Ländern als eine Art Erkennungssymbol zugeordnet. So standen die Fische als Zeichen für das Westland. Aus babylonischer und auch persischer Sicht war dies, das am Meer gelegene Israel.

Erwähnenswert ist in diesem Zusammenhang auch die Geltung des Fisches später in der frühchristlichen Zeit. Er stand für die Taufe in fließendem Wasser und erinnerte an das Versprechen Jesu, die Apostel zu Menschenfischern zu machen.

Für die ersten Christen wurde aber aus ihm, in der Zeit ihrer Verfolgung durch die Römer, ein bedeutendes Symbol.

Die **„Vesica Piscis"**

Die Vesica Piscis als:

- Das Zeichen des **Fisches** -
Das Erkennungssymbol des frühen Christentums

Auch *„Heilige Geometrie"* genannt

Sie entsteht, wenn sich zwei Kreise mit gleichem Radius jeweils im Mittelpunkt des anderen schneiden. Weil die innere Form einem Fisch ähnelt, steht sie nun auch als ein geheimes Zeichen für **"ICHTYS"** das griechische Wort für **Fisch**. Dieses ist gleich abgeleitet der Anfangsbuchstaben von:

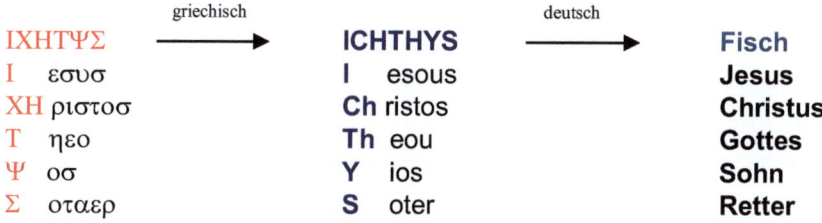

	griechisch			deutsch	
ΙΧΗΤΨΣ	⟶	**ICHTHYS**	⟶	**Fisch**	
Ι εσυσ		**I** esous		**Jesus**	
ΧΗ ριστοσ		**Ch** ristos		**Christus**	
Τ ηεο		**Th** eou		**Gottes**	
Ψ οσ		**Y** ios		**Sohn**	
Σ οταερ		**S** oter		**Retter**	

Dieses Sinnbild war daher in jener grauenvollen Zeit für die Christen als Erkennungszeichen von großer Bedeutung.

Symbolisch steht es daher auch für das Christusbewusstsein und damit verbundener Grundsätze.

Noch ein Aspekt von Interesse:

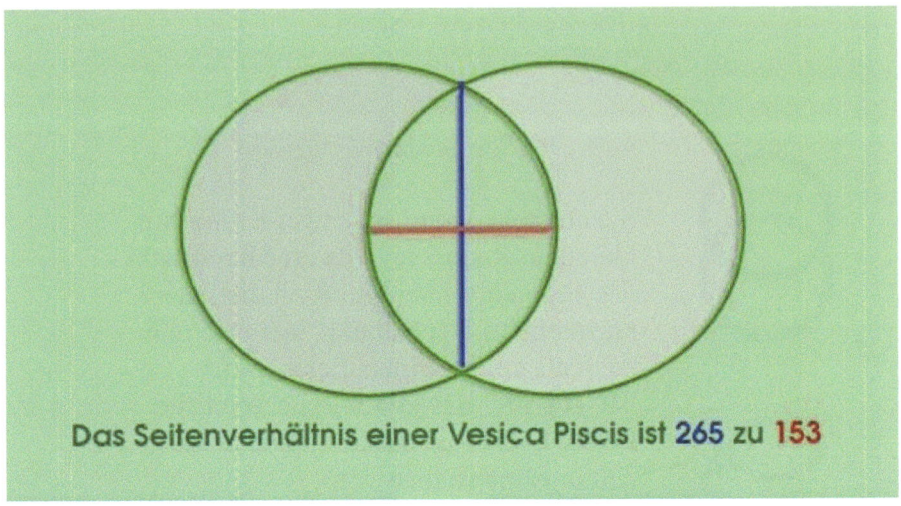

Das Seitenverhältnis einer Vesica Piscis ist **265** zu **153**

Im Johannesevangelium Kap. 21 Vers 11 heißt es:

> **Simon Petrus stieg hinein** (in das Boot) **und zog das
> Netz ans Land voll großer** *Fische* *hundertdreiundfünfzig,*
> **und wiewohl es so viele waren, zerriss das Netz nicht.**

Wenn man nun das Verhältnis (265 zu 153) rechnerisch umsetzt, so
erhält man die Zahl ⟶ **1,7320.**

Zu dem gleichen Ergebnis gelangt man, wenn man aus der Zahl **3,**
die ja für die **Göttliche Dreieinigkeit** steht, die Quadratwurzel zieht,
so kommt man ebenfalls zu dem Wert ⟶ **1,7320.**

b. Sternbild: **Jungfrau**

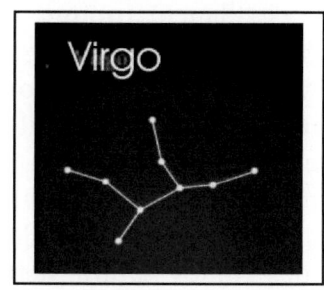

Jungfrau (lateinisch *Virgo*), es ist ein Sternbild des Tierkreises, d. h. ein Zeichen, das sich auf der Ekliptik befindet. Einem uns mittlerweile bekannten Kreis, der den jährlichen Lauf der Sonne auf der Himmelskugel darstellt, auf dem auch die anderen elf Kreiszeichen zu finden sind.

Dieses Bildnis ist bei der uns behandelnden Geschichte in einer eher biblischen Perspektive zu sehen. Denn dabei kann man sich mehr auf die Jungfrau Maria, die Mutter Jesu, beziehen. Sie spielt schon seit den Geschehnissen im Paradies eine bereits damals prophezeite Rolle. Denn im Pentateuch im 1. Buche Moses, der Genesis, heißt es schon im Paradiese in Folge des Sündenfalls:
Nachdem die Schlange (Satan) als der Urheber der Sünde überführt war, wurde sie von Gott verflucht mit den Worten:
„ .... Feindschaft will ich setzen Zwischen dir und dem Weibe, zwischen deiner Nachkommenschaft und ihrer Nachkommenschaft. Das Weib wird dir den Kopf zertreten und du wirst ihrer Ferse Nachstellen!"
Somit schreibt man der Jungfrau eine bestimmte Schutzfunktion zu.
Da schon seit der frühen Christenheit Maria als die Mutter Jesu verehrt und auch deshalb als die große Patronin und Schutzheilige angesehen und angerufen wird, so ist ihr auch sinnbildlich in dem Sternbild, in dieser Geschichte, wie wir später feststellen, eine besondere Rolle zuteil geworden.

c. Planet: **Jupiter**

Bei etwa 600 Millionen Kilometer Entfernung von der Erde befindet sich Jupiter, der 5. und mit 330 Erdmassen auch größte Planet in unserem Sonnensystem.
Dadurch ging er schon seit alters her eine Sonderstellung ein, in dem er als der Beherrscher und Gottkönig des Himmels angesehen wurde. Sohn des Gottes Saturn, den er stürzte. Danach war er der oberste Gott in der römischen Mythologie, sozusagen der Göttervater, der wie bei den Griechen deren Göttervater Zeus gleich war. Selbst bei den Babyloniern galt Jupiter als die Darstellung des obersten Gottes Marduk. Als dieser waren ihm (Jupiter) viele Tempel, z.B. auf dem Kapitol und auch sonstige Bauwerke geweiht. Daher sahen sich auch viele Herrscher wie Könige oder auch im Besonderen einige Kaiser als dessen Sohn an. Wodurch sie sich demnach als Halbgott ja oft als „Gottgleich" wähnten.

d. Planet: **Saturn**

Mit etwa 1,4 Milliarden Kilometer ist der Saturn als 6. Planet der Sonne und zweitgrößter in ihrem System mehr als doppelt so weit wie Jupiter von unserer Erde entfernt. Das auffälligste Merkmal des Saturns ist seine Ringstruktur, wodurch er auch als einer der schönsten Himmelskörper in unserem Sonnensystem angesehen wird.
Auch er war in der Antike einer der vorherrschenden Gottheiten, denen bestimmte Aufgaben zugeordnet wurden. Er galt als gerechter, freundlicher Herrscher, bevor er von seinem Sohn, Jupiter, entthront worden war, wo doch die Menschen unter seiner Herrschaft ein Goldenes Zeitalter vollendeten Friedens und Glückes erlebten. Er war auch derjenige, der für Agrarwirtschaft wie Saat und Ernte, also für Erneuerung des Lebens zuständig war. In Erinnerung an das Goldene Zeitalter unter Saturn wurde in Rom Jahrhunderte lang vom 19. bis zum 25. Dezember ein Fest zu seinen Ehren gefeiert, die so

genannten Saturnalien mit ungezwungenem, übermütigem Trubel. Während dieser Tage ruhten alle Arbeiten, auch Hinrichtungen und selbst militärische Handlungen wurden verschoben. Man veranstaltete Festessen, besuchte und beschenkte sich gegenseitig und bewirtete die eigenen Sklaven am Familientisch. All diese Begebenheiten erinnern sehr an das, was bei uns heutzutage an den Weihnachtstagen praktiziert wird.

Der Saturn galt auch schon immer als der Stern Israels und wurde zeitweise sogar im Tempel zu Jerusalem dargestellt. Der „Tag des Saturn", der sich im englischen Begriff „Saturday" am deutlichsten erhalten hat, ist der Tag der Juden, er war bezeichnend für das Symbol des Sabbats, des jüdischen Gesetzes. Somit war er auch gleichzeitig ein Hinweis auf den Staat Israel.

e. Planet: **Mars**

Der 4. Planet unseres Sonnensystems. Er ist in etwa 75 Millionen Km Entfernung der äußere Nachbarplanet der Erde. Obwohl er nur ein Zehntel ihrer Masse und auch eine sehr dünne Atmosphäre besitzt, (wie bei uns in über 45 Km Höhe) ist er dieser in vielerlei Hinsicht ähnlich. So ist er, außer unserer Erde, der einzige Planet des Sonnensystems, auf dem möglicherweise ein sehr einfaches organisches Leben existierte. Genau weiß man das bis heute noch nicht. Mars fällt schon, bei der Beobachtung mit dem bloßen Auge durch seine rötliche Farbe auf. Neben seiner Oberflächenstruktur, (sie ist von Kanälen durchzogen) kann dies ein Hinweis sein, dass auf ihm schon einmal Wasser vorkam, das allerdings im Laufe der Zeit seines Bestehens wieder verschwand. Da ein hoher Eisenanteil zum Bestand seiner Masse zählt, ist er demnach buchstäblich verrostet. Daher die Farbe. Er besitzt zwei kleine Monde, Phobos

und Deimos, eine Theorie besagt, dass sie möglicherweise verirrte asteroidenähnliche Objekte sind, die von diesem Planeten bereits schon vor langer Zeit eingefangen wurden. Phobos ist seinem Planeten am nächsten und ist auch dabei, ihm immer näher zu kommen, so dass er irgendwann in ferner Zukunft auf ihn abstürzen wird. Deimos dagegen ist so weit von Mars entfernt, dass er sich immer weiter von ihm entfernen wird, bis er in weiter Zeit sich von seinem Planeten in den Weiten des Raums verabschiedet.

In der römischen Mythologie war Mars der Gott des Krieges, Sohn des Götterkönigs Jupiter und seiner Gemahlin Juno. Er zählte zu den bedeutendsten römischen Gottheiten und galt als Vorfahr des römischen Volkes, weil er der Vater der legendären Gründer Roms, Romulus und Remus, war. Die Römer setzten ihn mit dem griechischen Kriegsgott Ares gleich. Wodurch er auch für das nahende Unheil durch Tod und Zerstörung verantwortlich war. Ihm zur Seite standen auch seine Begleiter Phobos und Deimos, zu Deutsch, Furcht und Schrecken. Der erste Monat (März) des römischen Jahres wurde nach ihm benannt.

f. Komet: **Tempel 2**

Tempel 2 ist ein am 4. Juli 1873 von
Ernst Wilhelm Leberecht **Tempel**
entdeckter kurzperiodischer Komet. Die Zahl 2 stammt daher, weil er nach Tempel 1 der zweite Komet war, den er alleine entdeckte.
(In der Regel werden Kometen nach dem Namen ihrer Entdecker benannt)
Einige Daten:
Siderische Umlaufzeit   5,36 a   (Jahre)
Große Halbachse   3,06 AE
(astronomische Einheit 1 AE = 149,6 Mio. Km = Entfernung Sonne-Erde)
Mittlerer Durchmesser   10,6 km
Perihel 1,42 AE   (Sonnennaher Abstand)
Aphel 4,71 AE   (Sonnenferner Abstand)

Komet (lateinisch Stella cometa: haariger Stern), Er gehört zu den Himmelskörpern die nur eher selten am Firmament zu sehen sind. Da sie meist in großen Entfernungen um die Sonne kreisen und auch durch ihre geringe Größe nicht besonders auffallen. Nach heutigen Erkenntnissen ist die Herkunft der meisten Kometen aus der Ortschen Wolke am Rande unseres Sonnensystems, in etwa einem Lichtjahr Entfernung zu suchen. Das Besondere an ihnen ist, dass sie sich durch einen, viele Mio. Kilometer langen, leuchtenden Schweif auszeichnen. Dieser ist aber nur dann zu sehen, wenn sie auf ihren meist sehr elliptischen Umlaufbahnen der Sonne am nächsten sind, wo der von ihr ausgehende Wind am stärksten ist.

Es kann jedoch vorkommen, dass einige Kometen aufgrund der extremen Änderung ihrer ursprünglichen Bahn durch Gravitations-einflüsse der Planeten, vorwiegend durch Jupiter, zerstört werden. Oder, weil sie durch dessen starken Kräfte von ihrer Bahn gebracht und somit aus dem System hinaus „gekegelt" werden und dadurch nie wieder in das Sonnensystem zurückkehren.

Das Auftreten von Kometen wurde in antiker Zeit als eine himm-lische Erscheinung betrachtet. Kometen sind von den Menschen lange Zeit als Schicksalsboten oder Zeichen der Götter für Unglück, aber auch als Hinweise auf wichtige Ereignisse angesehen und betrachtet worden.

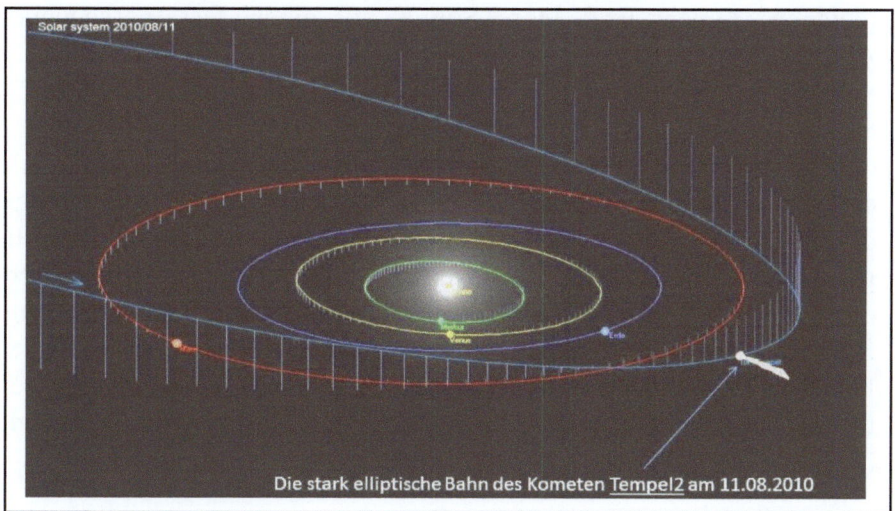

Die stark elliptische Bahn des Kometen Tempel2 am 11.08.2010

8. Erde und Mond

Mit einer mittleren Entfernung von 385.000 Km oder 1,3 Lichtsekunden ist der Mond, als Trabant unserer Erde, nach der Sonne, aus unserer Sicht das mit Abstand hellste Objekt des Himmels. Gleichermaßen kann man seinen einzigartigen Helligkeits- und Phasenwechsel zwischen Vollmond und Neumond auch mit bloßem Auge sehr gut beobachten. Mit seiner für die Erde ungewöhnlichen Größe, hat er durch seine Masse einen erheblichen Einfluss auf deren Bewegungsablauf. Der uns am bekanntesten, ist der von Ebbe und Flut, deren Gezeiten täglich zweimal über unseren Planeten, entgegengesetzt der Erddrehung hinweg laufen.

Die Mondphasen und die Sonnen- bzw. Mondfinsternisse sind mit Sicherheit schon früh von Menschen beobachtet worden. Die genaue Länge des Monats war schon im 5. Jahrtausend v.Chr. bekannt, ebenso die Neigung der Mondbahn gegen die Ekliptik (5,2°). Mindestens 1000 v.Chr. kannten die babylonischen Astronomen die Bedingungen, unter denen Sonnenfinsternisse auftreten. Der Mond ist zwar 400-mal kleiner als die Sonne, die wiederum aber 400-mal weiter weg ist. Somit kommt es bei einer Begegnung auf der gleichen Achse Erde-Mond-Sonne zu einer fast passgenauen Abdeckung der Sonnenscheibe durch unseren Trabanten.

Selbst die Vorhersage der Sonnenfinsternis vom 28. Mai 585 v.Chr., durch den Griechen Thales von Milet, entschied im gleichen Jahr den Krieg zwischen den Lydern und Medern, indem der Kampf durch dieses Ereignis abgebrochen wurde. Von dem ebenfalls griechischen Philosophen Anaxagoras ist die Angabe beschrieben, der Mond erhalte sein Licht von der Sonne, und es gebe auf ihm Berge und Täler; er führte dadurch die Götter, die man damals in den Himmelskörper erkannte, ad absurdum. Diese und andere Lehren trugen dazu bei, dass er eine Verurteilung wegen Gotteslästerung über sich ergehen lassen musste.

Durch die ganzen vorgenannten Eigenschaften die unserem Trabanten zugeschrieben werden, ist es den Menschen schon in frühester Zeit möglich gewesen, diesen Himmelskörper zur Bestimmung verschiedener Zeitabläufe zu benutzen. Denn durch den Stand der Mondphase, in Bezug auf die Himmelsrichtung, ist es uns erlaubt, die jeweilige Nacht- bzw. Tageszeit zu bestimmen.

Mond Als abnehmende Sichelscheibe im Osten

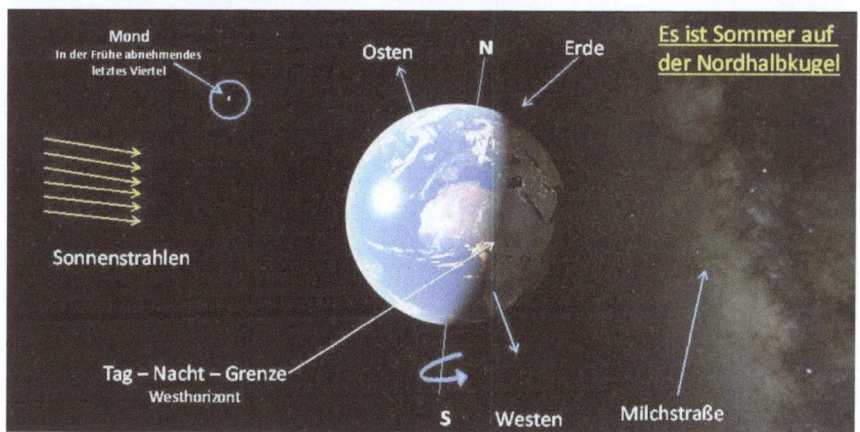

Sonne   Erde   Mond am Nachthimmel

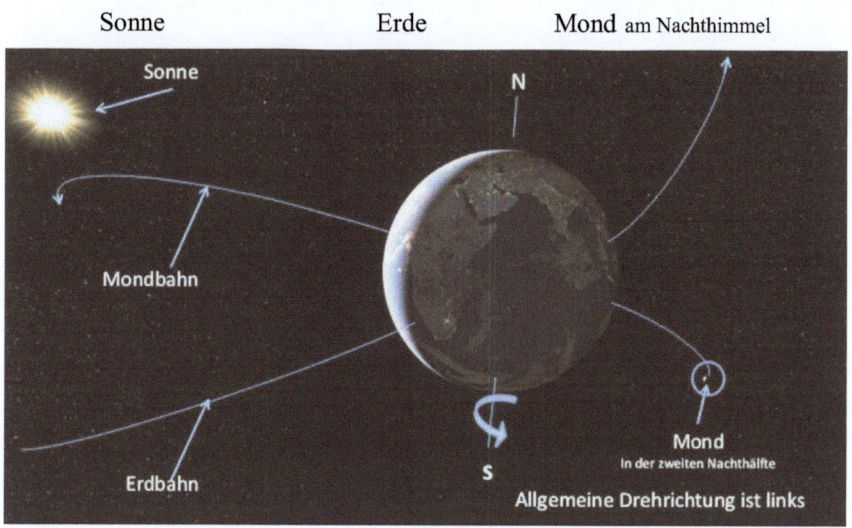

9. Zusammenspiel der Gestirne zum Zeitpunkt „0"
Was sehen wir bei Nacht am Himmel?

Bevor wir uns mit der Himmelsmechanik unserer Welt befassen, möchte ich, zum besseren Verständnis für alle, die sich mit dieser Materie noch nicht so auseinander gesetzt haben, noch einige wichtige Punkte vorweg schicken. Um deshalb der ganzen Geschichte dennoch folgen zu können, wie sich die Dinge am Himmel zueinander verhalten, eine kurze Erklärung zu der nachfolgenden Grafikkarte, die uns noch öfter in dieser Erzählung begleiten wird.

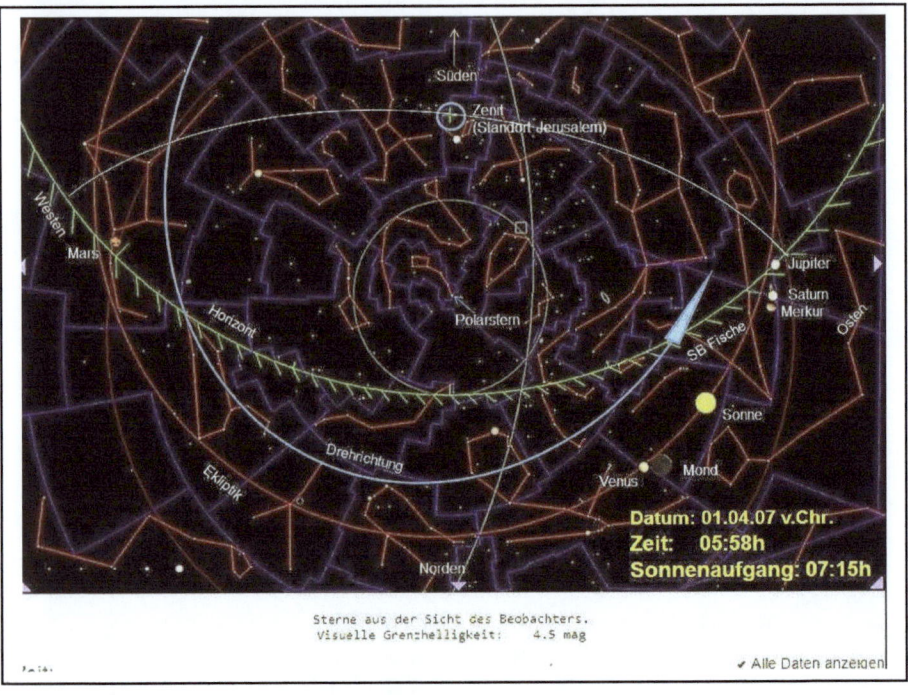

Auf dem oben gezeigten Bild ist zunächst ein Ausschnitt des nächtlichen Firmamentes über der Stadt Jerusalem zu sehen, wie er am 01. April des Jahres 07 v.Chr. in den frühen Morgenstunden zu beobachten war. Der Zeitpunkt ist daher gewählt, weil zu dieser

Stunde die nachfolgende Erzählung aus astronomischer Sicht ihren Anfang nahm.

Es erscheint zunächst etwas verwirrend, aber bei näherer Betrachtung kann man sich schon etwas Ordnung verschaffen. Um nun die diversen Sternbilder besser erkennen zu können, hat man die einzelnen Sterne der jeweiligen Zeichen mit roten Linien verbunden. Es wird nun nicht gerade einfacher eine bestimmte Darstellung eines Sternbildes zu erkennen, aber hierbei spielte auch die große Fantasie der Menschen eine Rolle, die in grauer Vorzeit sich mit derlei Dingen beschäftigte. Für uns ist es heute dadurch einfacher die jeweiligen Ansichten zu erfassen und zuzuordnen. Nun kann man erkennen, dass die verschiedenen Objekte blau umrandet sind, d.h., dass die Bilder in Sternbildbereiche eingeteilt sind. Dies führt dazu, dass die Sterne, die auch nicht dem Zeichen direkt angehören, trotz allem in jenem Bereich zu finden sind. Da der Himmel sich nun über uns befindet und wir deshalb hochschauen, ist die Ansicht die wir jetzt erkennen der Erde gespiegelt, sodass die Himmelsrichtungen dann auch entgegengesetzt zu finden sind. Wir haben also oben Süden, unten Norden, rechts Osten und links Westen. Man kann durch einen weißen Bogen die Ost-West-Achse erkennen, die direkt durch den in ihrer Mitte liegenden Punkt, den sog. Zenit, läuft. Dieser Punkt ist der Standort des Beobachters, der den Zenit genau senkrecht über sich hat. In unserem Fall ist das Jerusalem. Es ist noch eine grün gestreifte Bogenlinie vorhanden. Diese stellt den Horizont des Standorts dar. Hier den Nachtbereich, weil sich die Sonne noch außerhalb dieser Sichtgrenze befindet. Der äußere rote Kreis zeigt nun den Weg, den die Sonne mit ihren Planeten durch die Sternenwelt zu gehen scheint. Es ist die Ekliptik, die die Erdbahnebene in der, bis auf einige Grade Abweichung, alle Planeten ihre Bahn um die Sonne ziehen. Daher finden wir auch alle Objekte die hier genannt werden, im Bereich dieser Kreislinie. Es sind diese: Alle Sternbilder, alle Planeten und die Sonne. Der blaue gebogene Pfeil zeigt die Drehrichtung an, in der sich alles Sichtbare am Himmelszelt um den kleineren Kreis in der Mitte des Bildes bewegt. Dieser kleine, an einer Stelle den Horizont berührenden

Kreis, stellt jenen Bereich am Firmament dar, in dem sich im Norden um den Polarstern herum, die Sterne sichtbar machen, die ganzjährig zu sehen sind. Er wird kleiner je weiter man nach Süden kommt, wo er am Äquator dann nicht mehr existent ist. Bewegt man sich stattdessen nach Norden, so wird dieser Kreisdurchmesser immer größer, bis er am Nordpol den gesamten Sichtbarkeitsbereich bis zum Horizont beinhaltet. Auf der südlichen Halbkugel ist es dann Richtung Süden im umgekehrten Fall genauso.

Um noch einmal auf den genannten Zeitpunkt zu kommen. Wenn man genau hinschaut, so kann man sehen, dass hier gerade eine nicht alltägliche Himmelsbeobachtung wahrzunehmen ist. Das Besondere daran ist, dass zwischen 05:58h und 07:15h vier Planeten ohne den Mond zu bestaunen sind, bevor dann die Sonne den ganzen Himmel überstrahlt.

Im Westen ist der Mars noch etwa 7 Min. zu sehen. Jupiter befindet sich genau gegenüber im Osten auf der Horizontlinie, was bedeutet, man kann ihn im Osten am Himmel aufgehen sehen. Um 06:15h folgt unser Planet Saturn, der 8 Min. später mit Merkur einen Begleiter mitbringt. Das ist nun der Moment, in dem Jupiter mit Saturn als Planeten-Duo für das bevorstehende Jahr eine „Partnerschaft" eingehen, in der sie sich ständig begleiten, ja sie werden sich sogar dreimal einander begegnen bis sie dann wieder am 10.03.06 v.Chr. um 20:40h, beginnend mit Saturn, den Horizont im Westen überschreiten um dann nun für lange Zeit ihre eigenen Wege zu gehen.

Ja und genau das wird der Zeitraum sein, in dem die Geschichte uns beschäftigen wird. In dem wir versuchen wollen, ob es genug Anhaltspunkte und auch evtl. Hinweise gibt, die uns der hier gestellten Aufgabe viele, einigermaßen plausible und nachvollziehbare, Antworten auf unsere Fragen liefern.

Es wird ja wohl so gewesen sein, dass die Begebenheiten, so wie sie nun einmal zu beobachten waren, sich nicht jedem Erdenbürger in gleicher Weise zeigte. Sondern diese Himmelserscheinung wird nur auch dem aufgefallen sein, der derlei Anzeichen bemerkte.

Was kann man aus all den vorgenannten Berichten schließen?

Der Stand der modernen Technologie und das hierzu passende Wissen versetzen uns Menschen in die Lage, mit Hilfe der jetzigen Rechensysteme den Sternenhimmel zur damaligen Zeit zurück zu verfolgen und zu bestimmen.

Soweit wir heute wissen, war der Erste, der sich mit den früheren Erscheinungen am Firmament beschäftigte der 1571 geborene Mathematiker und Astronom Johannes Kepler. Er fand heraus, dass es in dieser Zeit keine himmlischen Begebenheiten gab, die auf einen Kometen hindeuten. Denn wie aus alten Schriften bekannt, wurde der „Stern von Bethlehem" in der Geschichte fast immer als ein gut, für alle sichtbaren Kometen dargestellt. Auch konnte man eine Nova oder gar Super Nova ausschließen. Es war also nichts Derartiges in jener Zeit vorhanden, was diese Geschichte bestätigt hätte. Was konnte also dafür als ein ähnliches Erscheinungsbild in Betracht kommen? Im Jahre 1603 beobachtete Kepler am Morgenhimmel eine Konjunktion (Begegnung) der Planeten Jupiter und Saturn, sie galten ja als Vorzeichen wichtiger historischer Ereignisse, etwa eines neuen Zeitalters, einer neuen Dynastie, der Geburt eines Propheten oder eines gerechten Königs. Im Herbst 1604 gesellte sich der Planet Mars am Abendhimmel zu den beiden Planeten. Ab 9. Oktober 1604 leuchtete in über 9 Grad Distanz dazu im gleichen Sternbild die Supernova 1604 auf. Kepler beobachtete sie ab dem 17. Oktober im genannten Jahr.

Diese nun von ihm gemachten Beobachtungen verleiteten ihn zu der Annahme, dass eine solche Himmelserscheinung wohl auch die passende Betrachtung zur Geburt Jesu gewesen sein könnte. Vor allem war ihm aus alten jüdischen Schriften bekannt, dass eine derartige Konstellation zwischen Jupiter und Saturn auf die Geburt des Messias hindeutete. Er fand heraus, dass in den gesammelten Schriften des spanisch-jüdischen Gelehrten *Isaak Ababarne* zu lesen steht, dass die Gründung eines jüdischen Staates herannahe, wenn Jupiter und Saturn im Sternbild Fische am Himmelszelt zu erkennen ist, wodurch auch gleichzeitig ein neuer Herrscher, ein Messias hervorgerufen wird.

Diese Stelle könnte auf die Zeit der 1. Konstellation von Jupiter und Saturn im Jahre 864 v.Chr. zurückgehen. Er fand nun auch heraus, dass im Jahr 7/6 v. Chr. eine gleiche „Begegnung" zwischen Jupiter, Saturn und Mars stattfand.

Wie schon erwähnt sind wir Menschen durch den Stand der heutigen Wissenschaft und Technik in der Lage uns die Astronomischen Begebenheiten unserer Vergangenheit noch einmal vor Auge zu führen.

Mit Hilfe eines Computerprogramms ist es jetzt gelungen die verschiedenen Simulationen deutlich zu machen. Aus den folgenden hierdurch entstandenen Aufnahmen ist nun zu erkennen, dass es im Jahre 7 v.Chr. sich dreimal die Konstellation von Jupiter und Saturn ereignete. Diese waren am 23. Mai, am 25. September und am 25. Dezember. **Wobei die Betrachtung im Mai die am Interessantesten und Aufschlussreichsten ist.**

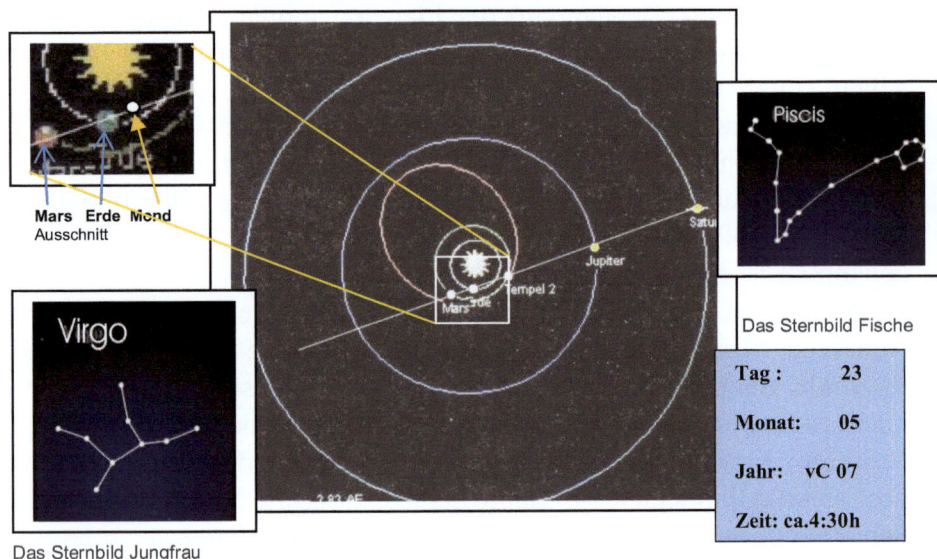

Mars Erde Mond
Ausschnitt

Piscis

Das Sternbild Fische

Virgo

Tag :	23
Monat:	05
Jahr:	vC 07
Zeit: ca.4:30h	

Das Sternbild Jungfrau

Unser Sonnensystem   Stand 23.05.07 v.Chr,

Wie in der hier gezeigten Darstellung unschwer zu erkennen ist, sind gleich mehrere Himmelserscheinungen zu sehen, die sich an diesem 23. Mai 7 v.Chr. den Menschen darboten. Hier wird nun klar, warum all diese kosmischen Gebilde uns in den vorgehenden Kapiteln beschäftigten. Durch die Betrachtung der einzelnen im Vorfeld beschriebenen Beiträge in Verbindung mit den dargestellten Bildern der kosmischen Beobachtungen ist man nun in der Lage, eine, wie ich finde, aufregende Geschichte zu erzählen, die vielleicht uns auf die anfangs gestellten Fragen ein Antwort geben wird.

Es sind auf den Bildern nur die Himmelskörper zu sehen, die für unsere Geschichte von Bedeutung sind. Zum besseren Verständnis für alle werde ich die einzelnen Punkte noch mal aufzeichnen.

In der Mitte der gelbe Punkt stellt (vergrößert) die Sonne dar. Der erste Kreis zeigt die Umlaufbahn der Erde. Der nach außen zweite stellt die Bahn des Planeten Mars dar, gefolgt von dem elliptischen Weg des Kometen Tempel 2. Nach außen folgt dann die Bahn des großen Planeten Jupiter und der äußere Kreis zeigt die Strecke des Saturns. Die beiden nach außen gerichteten Bilder sind Abbildungen der viele Lichtjahre entfernten Kreiszeichen. Wobei auf dem linken Foto das Sternbild der Jungfrau und rechts das der Fische zu sehen ist. Auf der rechten unteren Abbildung ist eine Tafel erkennbar, auf der der jeweilige Zeitpunkt der gemachten Aufnahme in Tag, Mon. und Jahr angegeben ist. Das **vC** Zeichen vor der Jahreszahl bedeutet die Zeit **vor** Christus.

Die bildlich gemachten Objekte sind alle durch eine Gerade verbunden, die am linken Rande auf das Sternbild Jungfrau und rechts auf das der Fische zeigt. Diese wohl einmalige Konstellation führt uns vor Augen, dass alle dargestellten Objekte fast deckungsgleich auf einer Linie sich befinden. In der links oben stehenden Graphik ist ein Ausschnitt angezeigt, der die Erde zu diesem Zeitpunkt noch mal in den Fokus nimmt. Denn durch die Nähe zu seinem Planeten Erde war der Mond, der hier noch hinzukommt, auf der ersten Zeichnung nicht darzustellen. Man kann aber erkennen, dass auch unser Trabant auf exakt dieser Linie liegt. Diese Zusammenwirkung der hier dargestellten Objekte, so wie sie sich nun zeigen, ist eine Ansicht die sich in der zweiten Nachthälfte widerspiegelt. Der Mond befindet sich in dieser Position im letzten Viertel seiner abnehmenden Phase. Es ist etwa die Zeit zwischen drei und fünf Uhr in den frühen Morgenstunden. Es ist in diesem Jahr die **1.** Konjunktion zwischen Jupiter und Saturn.

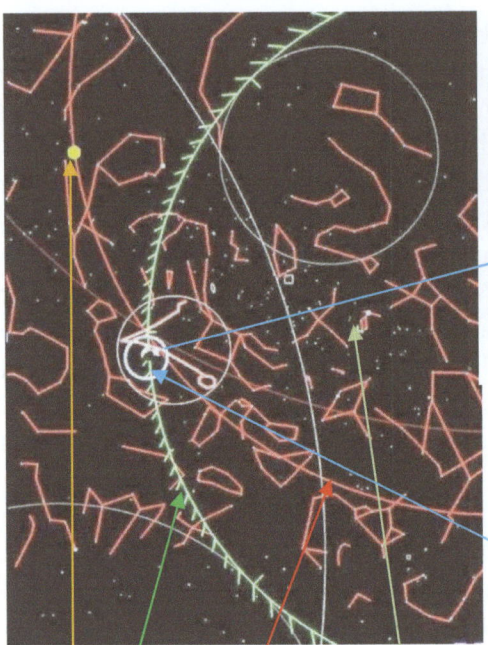

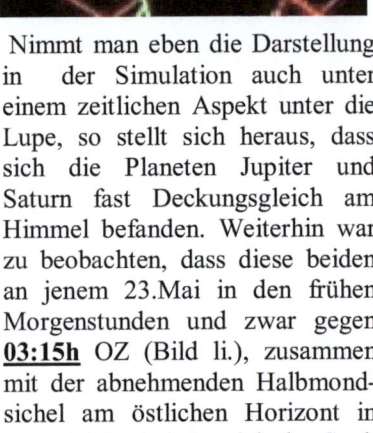

1. Konjunktion

Nimmt man eben die Darstellung in der Simulation auch unter einem zeitlichen Aspekt unter die Lupe, so stellt sich heraus, dass sich die Planeten Jupiter und Saturn fast Deckungsgleich am Himmel befanden. Weiterhin war zu beobachten, dass diese beiden an jenem 23.Mai in den frühen Morgenstunden und zwar gegen **03:15h** OZ (Bild li.), zusammen mit der abnehmenden Halbmondsichel am östlichen Horizont in den Sichtbarkeitsbereich der Stadt Jerusalem eintraten. Denn der Mond war zu der Zeit so nahe mit den Planeten „verbunden", dass er mit ihnen fast eine Einheit bildete.

Sonne

Ekliptik

Tag–Nacht–Grenze (Horizont)

Sternbild Fische

Planeten mit Mond

Sichtbarer Himmel

Zenit
Standort
Jerusalem

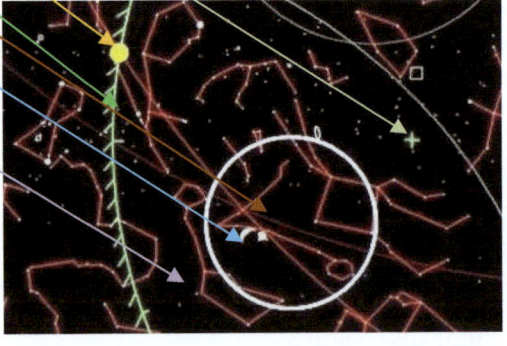

Der Sonnenaufgang an diesem Tag war um **06:45h** zu bewundern. (Bild re.) Es waren demnach **3,5 Std.** in denen man in jener Nacht dieses äußerst seltene Himmelsschauspiel hatte bestaunen können.

42

Nun, und dies alles geschah im Sternbild der Fische, dem Zeichen für Israel. Sehen wir uns jetzt noch einmal die Bibel an, so werden wir feststellen, dass in dem Evangelium nach Lukas im Kap.2 Vers 8 steht:

„Und es waren Hirten in derselben Gegend auf dem Felde bei den Herden, die hüteten des Nachts die Herde".

Was darauf hindeutet, dass Jesus in der Nacht geboren wurde.

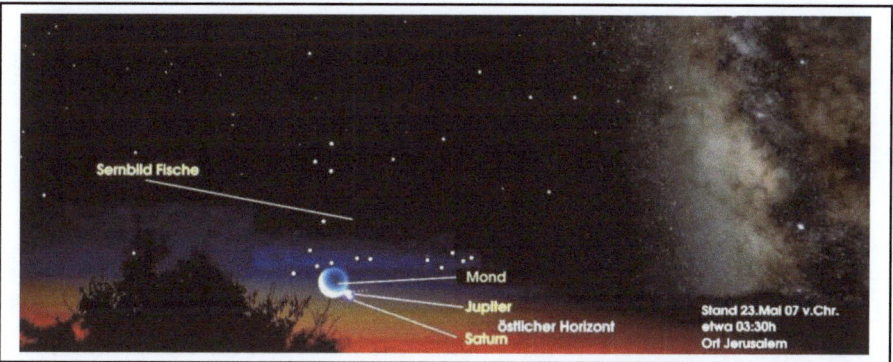

Der Himmel in der 2. Nachthälfte von Jerusalem am 23. Mai 07 v.Chr. Zeit: 03:30h

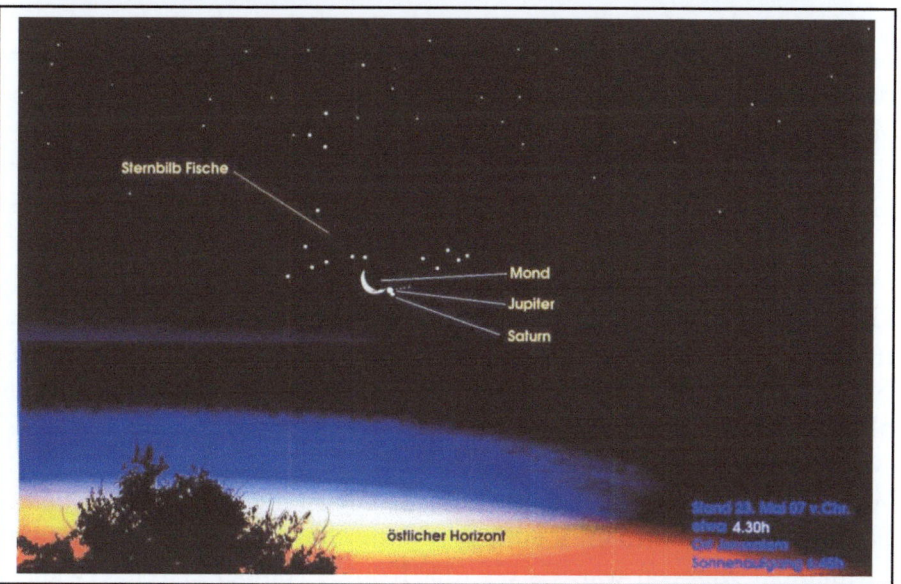

Und eine Stunde später, Zeit: 04:30h

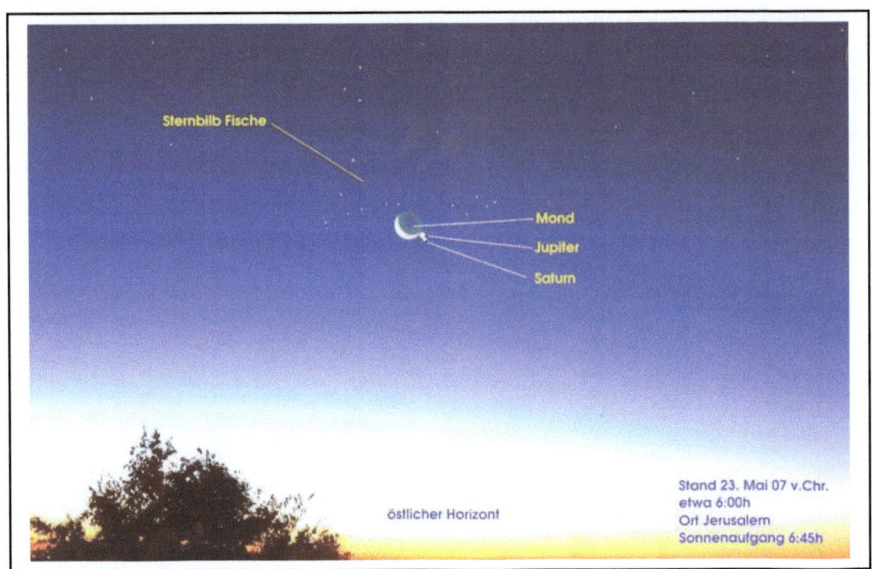

Doch das ist ja noch nicht alles. Es war festzustellen, dass genau zu dieser Zeit noch ein anderer Planet mit an jenem Ereignis beteiligt war. Es war der Mars. Er befand sich zwar von der Erde aus gesehen genau auf der gegenüberliegenden Seite aber noch exakt auf der verlängerten Linie nach Westen im Sternbild der Jungfrau. Wenn wir diese Darstellung betrachten so fällt auf, dass er sich in Opposition zu den Objekten im Osten befindet. Im Vorfeld wurde ja schon auf diesen Himmelskörper aufmerksam gemacht. Er galt als der Gott für Gewalt und Zerstörung. Im biblischen Sinne könnte man ihn auch für den Teufel halten. Der gerade in dieser Geschichte als der große Widersacher Jesu Christi auftritt und alles versucht, aus dem ganzen Geschehen heraus nur Unheil und Zwietracht zu verbreiten. Wäre da nicht die Jungfrau die als das Große Sternbild ihm sinnbildlich im Nacken steht. Denn die Jungfrau ist es, die ihn im Zaume hält und als Schutzpatronin ihrer Aufgabe durch ihr Handeln gerecht wird. So wie es schon in der Schöpfungsgeschichte geweissagt wurde.

Aus der Berechnung der damaligen Sternenstellung kam auch noch hervor, dass zu diesem Zeitpunkt weiterhin eine Begebenheit am Firmament zugegen war. Es war der Komet Tempel 2. Wie erwähnt wurde dies so aus den Daten heraus errechnet wie sie heute über

44

diesen Kometen bekannt sind. Im Vorfeld wurde nun schon erwähnt, dass es in jener Zeit keinen Kometen gegeben hat. Aber ob es ihn auch tatsächlich noch nicht gegeben hat, kann man heute nicht mehr nachprüfen. Laut seiner Geschichte wurde er ja erst 1873 als solcher entdeckt. Das heißt es kann sein, dass es ihn damals schon gab, aber das ist halt sehr ungewiss. Von seiner Größe her ist er nicht gerade zu den Großen zu rechnen. Daher könnte es schon sein, dass er all die Jahre unentdeckt blieb. Denn Kometen kommen irgendwann von weit her aus dem Rande unseres Sonnensystems, werden von der Sonne, wenn sie ihr zu nahe kommen, eingefangen und bleiben dann meisten auf einer stark elliptischen Bahn, auf der sie dann ihre „Kreise" ziehen. Aber genau so können sie nun auch wieder, bedingt durch äußere Störungen, in den Weiten des Alls verloren gehen. Doch in unserer Story passt er ebenfalls sehr gut ins Bild. Daher gehen wir einmal davon aus, dass er, wenn auch im Nachhinein, eine bestimmte Rolle in dem Geschehen übernimmt. Denn auch er lag auf dieser Linie und wäre, rein rechnerisch, in dieser Geschichte eingebunden. Was ihn in dem Vorgang interessant macht, ist sein Name. Denn Jesus Christus hat in seinem Wirken mehrfach sich selbst als einen Tempel bezeichnet. Die bekannteste Stelle ist im Johannes Evangelium 2 /19, hier steht:
„Reißt diesen Tempel ab, und in drei Tagen werde ich ihn wieder aufbauen".   Er dachte aber nicht an den Tempel in Jerusalem, sondern einen anderen, einen 2ten Tempel. Und damit meinte er sich selbst, im Hinweis auf seinen Tod. Denn drei Tage nach seinem Sterben wird er wieder auferstehen. Selbst im 1. Korintherbrief von Paulus wird in Kap. 3 Vers 16 auf diesen Tempel hingewiesen. Denn dort heißt es: *„Wisset ihr nicht, dass ihr Gottes Tempel seid und der Geist Gottes in euch wohnt?"*
Was noch bemerkenswert erscheint ist, dass der 23. Mai ein Samstag war, also der **jüdische Sabbat**. Denn wie man aus der Bibel erfährt, hatte Jesus gerade zum Sabbat oft einen sehr kritischen Bezug. Er starb an einem Freitag, ruhte am Sabbat im Grabe, um dann am Sonntag, dem ersten Tag der Woche, durch seine Auferstehung das neue Himmelreich für uns Menschen zu bereiten.

10. Die Reise der „Drei Könige"

Im Matthäus Evangelium Kap2 Vers1 heißt es:
„Als aber Jesus zu Bethlehem in Judäa geboren ward in den Tagen des Königs Herodes, siehe, da kamen Weise (Magier) aus dem Morgenland nach Jerusalem."

Mosaik die **Heiligen Drei Könige** in der Kirche **Sant Apollinare Nuovo** in Ravenna, um 565.

Aus dieser Passage im Neuen Testament geht hervor, dass die Magi aus dem Morgenland, also dem im Osten liegenden Gebiet der aufgehenden Sonne kamen. Diese Aussage passt nun schon gut in unsere Geschichte, in der wir ja auch auf jene Landschaft gestoßen sind, die aus israelischer Sicht in der Richtung lag, aus der die herannahende Himmelserscheinung zu belauschen war.
Da diese Konstellation beinhaltet, dass all diese Himmelskörper mit unserer Erde, auf der wir uns als Beobachter befinden, sich in einer linearen Einheit befinden, gehen wir davon aus, dass dies ein Hinweis oder Zeichen bedeutet, womit auf ein besonderes Vorkommnis hingedeutet wird. Es ist das Alles zwar kein Beweis für irgendein Geschehnis das sich in einer bestimmten Zeit ereignet hat, aber es ist zumindest beachtenswert. Besonders in all den hierzu

passenden Erläuterungen, Beschreibungen und Geschichten, die dadurch auch eine gewisse Aufmerksamkeit auf die damalige Welt deuten und was daraus bis heute wurde.

Ja, und genau aus dem Grunde sind die Weisen (auch Könige genannt), so wie man sie heute noch unter dieser Bezeichnung kennt, aus dem Morgenlande nach Israel gegangen. Wie auf der vorhergehenden Seite zu ersehen, sind auf diesem Mosaik aus dem 6. Jh. n.Chr., wie übrigens auf vielen Bildern aus jener Epoche, die Männer in einer persischen Tracht mit der typischen Kopfbedeckung abgebildet. Es ist hier zu ersehen, dass man ihnen auch schon Namen zugeordnet hat, ihre Anzahl auf drei begrenzt, sowie man sie auch schon als Könige bezeichnete.

Aus ihren, ihnen wohl bekannten, Überlieferungen ging hervor, dass ein neuer König, auch als der Messias bezeichnet, durch ein himmlisches Zeichen angekündigt wird. Es war ihnen nicht entgangen, dass der Planet des Göttervaters Jupiter eine Einheit mit Saturn, dem Gott für Aussaat und Neubeginn allen Lebens, bildete. Dies geschah in dem Sternbild der Fische. Sie erkannten also in der Sternenkonstellation, die sich ihnen darbot, den Hinweis, dass ein neugeborener König im Westland, dem am Meer gelegenen Israel, also dem Land der Fische, als Herrscher, dem auch eine Erlöserfunktion zugesprochen wurde, in diese Welt kommt. Daher auch die königlichen Geschenke, die man diesem Neugeborenen König darreichte. Geht man nun davon aus, dass der **23. Mai** den Geburtstermin angab, dann werden sie in der damaligen Epoche doch einige Monate gebraucht haben um diesen langen Weg ins angezeigte Land zurück zu legen. Es gab in jener Zeit ja nur die Möglichkeit solche Strecken zu Fuß zurückzulegen. Man hatte zwar auch Lasttiere und das waren in der Regel Kamele, aber in Karawanen die vormals unterwegs waren, war ja oft auch noch viel Fußvolk dabei an deren Geschwindigkeit man sich schon anpassen musste, wenn alle heil am Ziel ankommen wollten. Es war für alle seinerzeit sicherer in und mit solchen Karawanen zu reisen, als mit wenigen Menschen in einer kleinen Gruppe. Denn die Reisewege wurden oft durch Diebe oder auch räuberische Gruppen und Banden überfallen und ausgeraubt oder gar getötet. Aber mit einem festen Ziel vor Augen und in einem sicheren Geleit ist man schon bereit einige oder auch viele Strapazen auf sich zu nehmen.

Der Weg nach Israel war schon daher nicht einfach, weil es keine gerade oder direkte Verbindung gab. Wäre man in damaliger Zeit eine solche direkte Route gegangen, dann hätte man quer durch die unheilvolle Syrische Wüste gehen müssen. Doch diese grausame Strecke war für Karawanen schwer zu bewältigen. Deshalb wählte man den zwar weiteren, aber sichereren Weg, der durch das Gebiet verlief, das auch als der **„Fruchtbare Halbmond"** bekannt war.

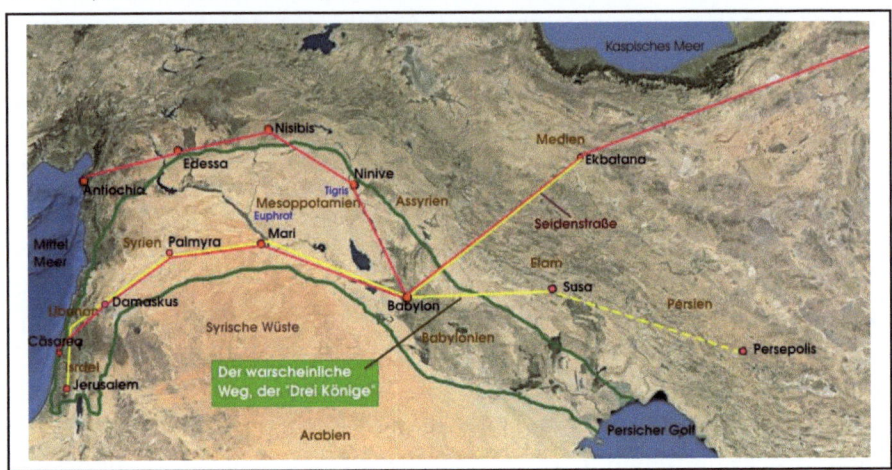

Der **Fruchtbare Halbmond** erstreckte sich zw. Euphrat u. Tigris (heute Irak) über Syrien nach Israel.

Er führte zunächst aus Persien über Babylon kommend Richtung Norden durch das „Zweistromland" entlang dem Euphrat, um dann westlich über das in Syrien gelegene Palmyra nun wieder südwärts durch den Libanon nach Israel zu gelangen. Diese Route wurde schon zur damaligen Zeit auch von Karawanen genutzt die aus dem fernen Osten aus China kamen. Es war der Handelsweg, der dann auch unter dem Begriff der Seidenstraße bekannt wurde.

Wie lange die Reise dann gedauert hat, weiß man heute begreiflicher Weise nicht mehr. Aber es kann schon einige Monate in Anspruch genommen haben um ein derartiges Unterfangen zu bewältigen. Es waren wohl auch einige Planungen und sonstigen

Vorbereitungen wie auch Absprachen von Nöten, bis es dann schließlich so weit war, dass man die, für damalige Verhältnisse, nicht einfache Reise begonnen hat. Was man aber heute weiß, dass während der ganzen Tour die Reisegruppe durch das „Planetenpaar" Jupiter und Saturn in den Nächten begleitet wurde. Denn dieses Paar bewegte sich gleichsam über das Jahr hindurch von Osten nach Westen bis es sich am Jahresende schließlich wieder „trennte" und jeder seine eigene Bahn zog.

In damaliger Zeit muss der Nachthimmel in jenen Breiten überwältigend gewesen sein. Es gab in dieser Region fast keine Störungen die die Sicht zum Firmament hätte beeinträchtigen können. In den Sommermonaten, in denen die Reise stattfand, war der Himmel ohne Wolken klar und es war, zum Gegenteil von heute, kein lästiges Licht vorhanden, dass durch umliegende Städte oder sonstigen Siedlungen verursacht wurde. Auch war ein umweltgefährdeter Smog, wie in unseren Zeiten alltäglich, nicht vorhanden. Denn derartige Atmosphäre schädigende Begebenheiten sind noch nicht Bestandteil der damaligen Welt. Darum war das Himmelszelt noch von so überragender Schönheit, wie wir es heute vergleichbar nur in höher gelegenen Regionen auf unserem Planeten wahrnehmen können. Deshalb sind auch die großen Observatorien fast alle auf höher gelegenen Bergen zu finden.

Wie schon oben erwähnt war das Planeten-Duo der ständige Begleiter unserer Reisenden ´gen Westen. Da also bei einem wunderbaren Sternenhimmel die genannten Objekte Jupiter und Saturn sehr gut als Gefährten zu beobachten waren, konnte man auch erkennen, dass sie sich ebenso von Ost nach West bewegten. Dabei konnte man auch anschauen, dass sich dieses „Paar" in eigenartigen Bewegungen ihren gemeinsamen Weg zogen. Diese Beobachtung ist dadurch zu erklären, dass die Himmelsköper mit unterschiedlichen Geschwindigkeiten sich bewegen und demnach auch verschiedene Strecken zurücklegen. Das alles wird dann noch durch ihre unterschiedliche Entfernung zum Betrachter verstärkt. Denn bekanntlicher Weise braucht unsere Erde bei einer Orbitalgeschwindigkeit von etwa 29,8 km/s ein Jahr um die Sonne zu umkreisen. Jupiter dagegen ist mit rund 13 km/s nur noch knapp halb so schnell, braucht aber, bedingt durch seine Entfernung 11,86 Jahre um unseren Stern einmal zu umrunden. Bei Saturn ist alles noch etwas extremer. Er ist fast doppelt so weit wie Jupiter von der Erde entfernt und braucht mit einer Umlaufgeschwindigkeit von 9,96 km/s schon 29,5 Jahre für einen Kreislauf. Da sich unsere Erde von diesen drei Planeten auf der Innenbahn befindet, sieht das aus der Erdenansicht so aus, als würden die Beiden sich auf ihrer Strecke umtanzen und dabei sich auch noch gegenläufig, also rückwärts bewegen. Es hat daher den Anschein, als würden sie dabei große Schleifenlinien ziehen. Dieses Erscheinungsbild kommt aber nur daher, weil die Erde ihre großen Begleiter auf der Innenbahn überholt, bedingt durch ihre Geschwindigkeit und ihren kleineren Bahnradius.

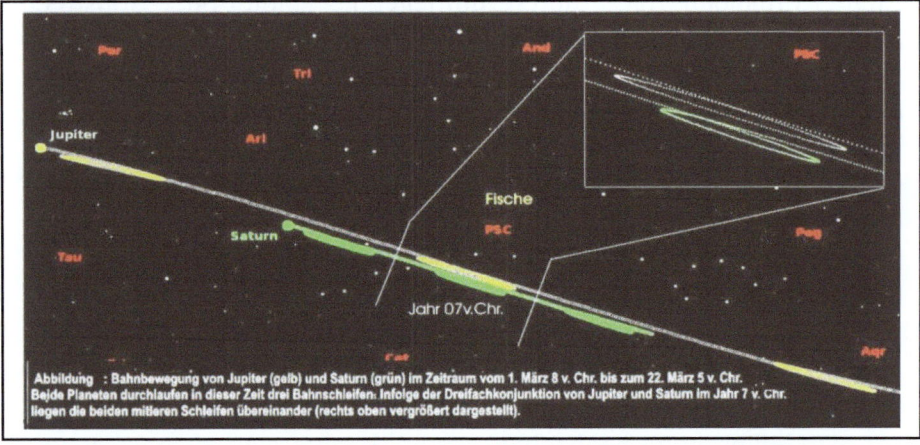

Die Schleifenlinien der Planeten Jupiter (gelb) und Saturn (grün) im Sternbild Fische.

Auf dem oben gezeigten Bild ist in der vergrößerten Ansicht gut zu erkennen wie die Planeten zuerst in die gleiche Richtung laufen, dabei wird Saturn von Jupiter überholt. Dann geht es zurück und Jupiter zieht ein zweites Mal an Saturn vorbei. Nach einer zweiten Schleife, die nun folgt, ist die Bewegung wieder in die alte Richtung, hierbei kommt Jupiter wieder sein kürzerer Abstand zur Sonne und seine höhere Geschwindigkeit zu gute. Er lässt Saturn hinter sich und hat damit die dritte Konjunktion vollzogen.

11. Die Ankunft der Weisen

Nachdem nun unsere Reisenden endlich nach langer Zeit ihr Ziel erreicht hatten und sie jetzt auch in Israel ankamen, gingen sie ihrer Weissagung zufolge in den königlichen Palast zu Jerusalem. Weil ja ein neugeborener König ihrer Meinung nach wohl auch nur in einem derartigen herrschaftlichen Gebäude geboren sein sollte. Denn so steht es nun auch im Evangelium nach Matthäus in Kap.2 Vers 1u.2:

„Da Jesus geboren war zu Bethlehem im jüdischen Lande, zur Zeit des Königs Herodes, siehe, da kamen die Weisen vom Morgenland gen Jerusalem und sprachen: Wo ist der neugeborene König der Juden? Wir haben seinen Stern gesehen im Morgenland und sind gekommen, ihn anzubeten".

Ein neugeborener König gab es aber im Hause des Herodes nicht zu verzeichnen. Weshalb der Herrscher dann doch sehr überrascht war. Es muss dies nun ein Ereignis gewesen sein das nicht nur am königlichen Hofe, sondern auch in der ganzen Stadt für Erstaunen und Aufregung sorgte. Denn in der Schrift heißt es weiter in Vers 3:

„Als Herodes das hörte erschrak er und mit ihm ganz Jerusalem."

Es war dies doch wohl eine Begebenheit von gesellschaftlichem Wert. Worüber der Monarch nicht sehr begeistert war. Sah er doch hierdurch seine Machtstellung durch einen neuen König in Gefahr. Auch deshalb schon, weil ihm durch seine Schriftgelehrten und Priester ebenfalls derartige Weissagungen, die schon von den Propheten in ihren Schriftrollen überliefert waren, gemacht wurden. Sogar wurde darin ehedem der Ort erwähnt, in dem dies alles stattfinden solle:

„Zu Bethlehem im Lande Juda". Micha 5.1.

Herodes entließ also daraufhin die Weisen mit der Bitte, nach dem Kind zu forschen und ihm dann mitteilen sollen, wo sie den Knaben gefunden haben. Mit diesem Hinweis über den Ort des Geschehens begaben sich dann unsre Männer wieder auf den Weg.

„Und siehe, der Stern, den sie im Morgenland gesehen hatten, ging vor ihnen her, bis dass er kam und stand oben über, wo das Kindlein war ...". Matthäus Kap.2 Vers 9

„Ging vor ihnen her" und „stand" - das widerspricht dem astronomischen Normalfall. Denn der wäre doch, dass Sterne, wie auch tagsüber die Sonne, über den Himmel weiter ziehen.

Aber, aus unserer Vorgeschichte haben wir erkannt, dass Jupiter in diesen Tagen, nahe bei Saturn, tatsächlich eine scheinbar nur geringe Eigenbewegung vollführte, während die Sterne über ihm sich fortbewegten.

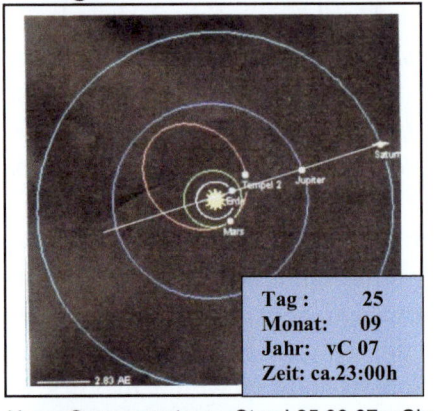

Tag : 25
Monat: 09
Jahr: vC 07
Zeit: ca.23:00h

Zur Abbildung:

Es war einer der drei Konjunktionen in diesem Jahr, wo sich die beiden Planeten so nah waren, dass sie sich zu berühren schienen. Diese zweite Konjunktion war, nach der ersten am 23.Mai, am 25. September in den Späten Abendstunden

Unser Sonnensystem   Stand 25.09.07 v.Chr,

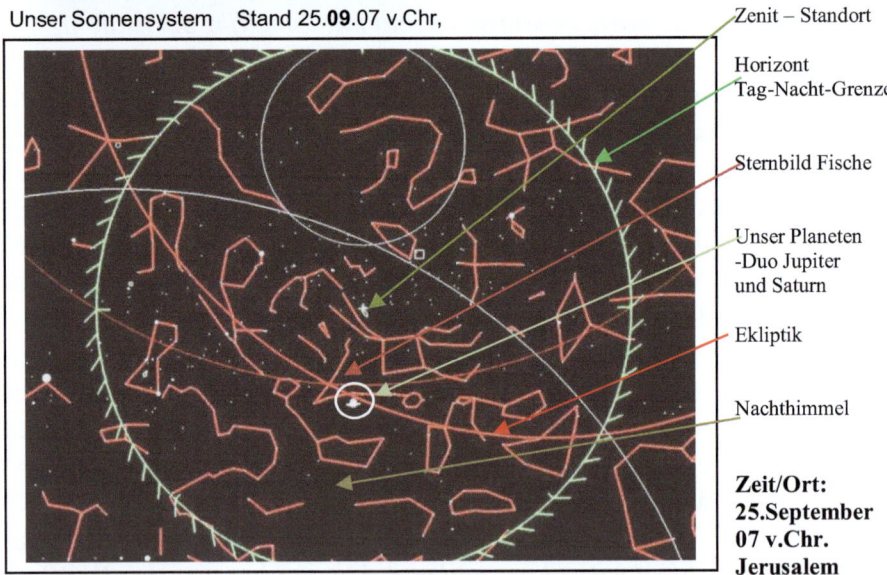

Zenit – Standort

Horizont
Tag-Nacht-Grenze

Sternbild Fische

Unser Planeten
-Duo Jupiter
und Saturn

Ekliptik

Nachthimmel

Zeit/Ort:
25.September
07 v.Chr.
Jerusalem

2. Konjunktion

Dazu kam noch ein Phänomen, das wir in unseren Breiten, bedingt durch die starken Umwelteinflüsse, am Himmel kaum noch sehen können: das **Zodiakallicht**. Dieser Begriff kommt aus dem griechischen und steht für das Tierkreislicht. Es ist eine schwach leuchtende permanente Erscheinung längs der Ekliptik in der Zone des Zodiaks (Tierkreis). Die Sonne beleuchtet nicht nur die sie umkreisenden Planeten, sondern auch die staubartige Materie dazwischen, welche die Sonne als dünne Scheibe in der Planetenebene ringförmig umgibt. Dieser interplanetare Staub entsteht ständig neu durch Zusammenstöße von kleinen Gesteinsbrocken wie Meteoriden und Asteroiden.

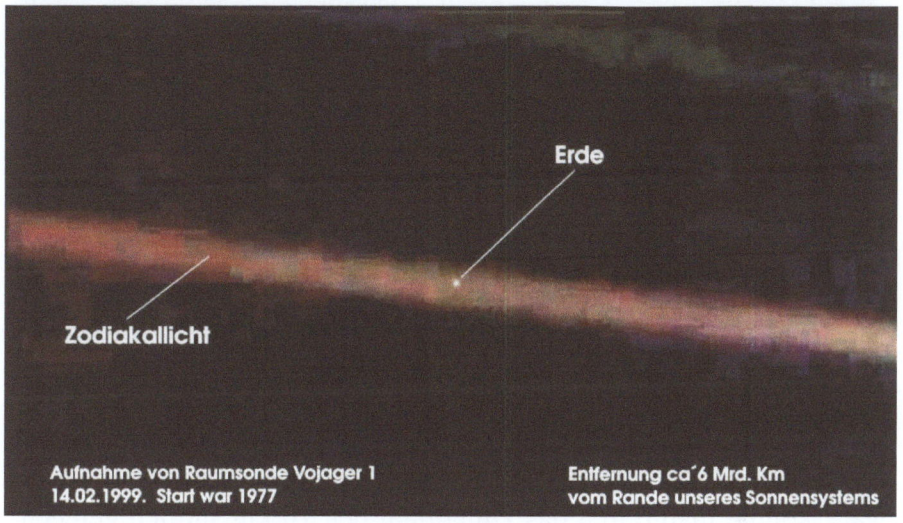

Man kann diese Staub- und Gaswolke in einer bestimmten Ebene sehen, wenn der Himmel sehr klar und dunkel ist. Der zodiakale Lichtschein umspannt den gesamten Himmel entlang der Ekliptik. Er entsteht durch Reflexion und Streuung von Sonnenlicht an Partikeln der dieser interplanetaren Gegebenheit, welche die Sonne als dünne Scheibe in der Planetenebene ringförmig umgibt. Das zu beobachten ist heute nur noch im Gebirge oder in wenig industrialisierten Ländern der Fall. Da der Himmel in den damaligen Zeiten noch klar und recht dunkel war, geht man heute davon aus, dass diese

Erscheinung noch gut zu sehen war. Es ist auch dieses Licht, das besonders in der Zeit des Frühjahr- und Herbst-Äquinoktium, also der Tag- und Nacht-Gleiche, gut zu erkennen.

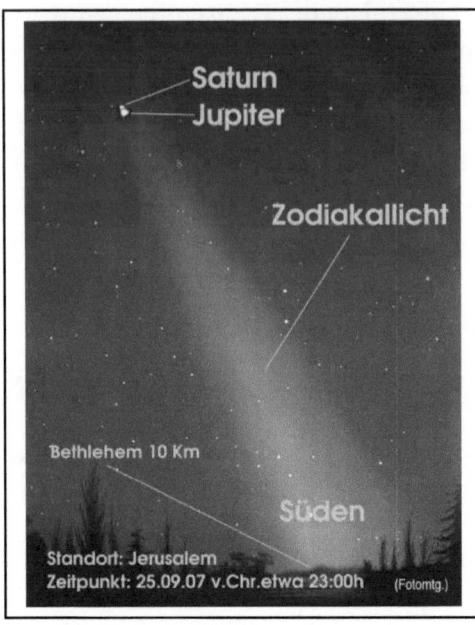

Es schimmerte aus diesem Grunde am 25. September 7 vor Christus über Bethlehem, in Form eines schwachen, zarten Lichtkegels, der von Jupiter auszugehen und auf das Dörfchen Bethlehem zu weisen schien.

Dieser Lichtschein umspannt den gesamten Himmel entlang der Ekliptik. Ihr schließt sich jeweils das Hauptlicht des Zodiakallichts an, keilförmig abnehmend. Dieses geht je über in die lichtschwächere schmale Lichtbrücke, die zum etwas breiteren und helleren Gegenschein führt – genau dem Sonnenstand gegenüber liegend (um Mitternacht) Ringsum verbindend wird auch die schwache bandförmige Aufhellung Zodiakalband genannt.

Nachdem die Magi sich dann von Herodes wieder getrennt hatten, zogen sie all den Hinweisen folgend ihrem Ziele entgegen. Von dem Wohnsitz des Herodes, es war ein Palast auf einer Anhöhe, der auf der westlichen Seite dem Tempel in Jerusalem gegenüber gelegen war, konnte man durch das Hinnomtal den 10 km südlich gelegene Ort Bethlehem erreichen. Vor ihrer Weiterreise bat sie noch Herodes nach dem Kinde zu forschen, um dann, wenn sie es gefunden haben, ihm mitzuteilen wo die Stelle sei, damit auch er hingehen könne um ihm zu huldigen.

Im weiteren Verlauf des Evangeliums ist dann beschrieben, dass die Weisen hocherfreut waren als der „Stern", der sie auf dem langen Wege begleitet hatte, wieder zu sehen war. Das könnte bedeuten, dass zu diesem Zeitpunkt die 2. Konjunktion von Jupiter und Saturn stattfand. Also das Zeitmaß, indem die beiden Planeten wieder dicht bei einander standen, dass sie wieder einen großen "Stern" bildeten.

In der Fortsetzung der biblischen Erzählung steht dann weiter, dass die Reisenden den gesuchten Ort auch fanden. Denn nach Mat. in Kap.2 Vers 11 steht zu lesen:

„...und gingen in das Haus und fanden das Kindlein mit Maria, seiner Mutter, und fielen nieder und beteten es an und taten ihre Schätze auf und schenkten ihm Gold, Weihrauch und Myrre."

Es ist nun folgend zu lesen, dass sie in der Nacht einen Traum hatten, in dem ihnen Gott gebot, nicht mehr zu Herodes zurück zu kehren, da dieser dem Kinde nach dem Leben trachte. Jener Warnung gehorchend gingen sie nun auf einem anderen Wege in ihr Land zurück.

Wie nun diese Geschichte weiter ging ist in der Bibel zu lesen. König Herodes musste nach einiger Zeit erfahren, dass die fremden Magi nicht mehr zu ihm zurückkehrten, um ihn von dem Fundort des Neugeborenen zu informieren. Da wurde er sehr zornig da er doch seine Herrschaft in Gefahr sah. Er erließ daraufhin den Befehl alle Kinder zu Betlehem und an seinen Grenzen zu töten die zweijährig und darunter waren. Diese Zeitangabe hatte er sich aus den Angaben heraus, die ihm die Weisen über die Zeit der Himmelsbeobachtung machten „errechnet". Aber auch Josef, der Mann Marias, war in einem Traum von einem Engel aufgefordert worden, mit Maria seiner Frau und dem Kind in ein anderes Land, nach Ägypten, zu ziehen bis Herodes gestorben wäre. Aus jenem Grunde konnte zwar das Kind Jesus dem Attentat entgehen, aber es mussten viele Kinder im Lande diesem grausamen Befehl zu folge ihr Leben lassen. So haben wir bereits im Abschnitt 5 –Hinweise-, dieser Geschichte erfahren, dass schon im Alten Testament auf jene barbarische Tat hingewiesen wurde.

Noch ein Anmerkung zu jenem **Kindermord von Bethlehem.**

Einige Historiker haben oft behauptet einen solchen Kindermord wie er in der Bibel beschrieben wird, habe es niemals gegeben, auch wäre hierzu nie ein Befehl ergangen. Man hat dadurch diese ganze Begebenheit in das Reich der Legende und Heilsgeschichte verwiesen. Doch in den letzten Jahren ist man bei archäologischen Ausgrabungen in der Nähe von Askalon, im heutigen Gaza-Streifen, auf einen nun sensationellen Fund gestoßen. In den Ruinen der ehemaligen Badeanstalten, der von König Herodes erbauten Anlage, hat man in einer Abfallgrube einer solchen Einrichtung eine gar grausige Entdeckung gemacht. Es wurden die Knochen von etwa hundert Kleinkindern aus antiker Zeit gefunden. Eine anthropologische Untersuchung ergab, dass etwa ¾ der getöteten Kinder Jungens waren. Diese Tatsache dürfte doch ein Beweis dafür sein, dass solche Menschen unwürdige Geschehen durchaus angeordnet und auch durchgeführt wurden. Hier hätten wir somit auch eine Parallele zu den Gräueltaten des Herodes in Bethlehem.

Aus dem Neuen Testament ist über die Umstände und den Zeitpunkt des Todes von Herodes nichts zu erfahren. Es steht lediglich geschrieben, dass nachdem der Tyrann gestorben war, die hl. Familie wieder nach Galiläa zurückkehrte. Es ist aber in anderen geschichtlichen Schriften zu erfahren, dass Herodes unter qualvollen Leiden litt. Was es genau war weiß man nicht. Aber der Geschichtsschreiber und Historiker Flavius Josephus beschrieb die Krankheit als Wassersucht, Greisenbrand, unerträglichem Juckreiz, schwere Krämpfe und Darmgeschwüre. Seine Ärzte konnten ihm nicht helfen. So kam es dann dazu, dass er im Frühjahr im Jahre 4 vor Chr. seinen Leiden elend erlag.

Wie nun die „Könige" wieder in ihr Land zurückfanden, und auf welchem Wege, wurde uns auch nicht überliefert.

Es wird wohl in der Bibel davon gesprochen, dass die Weisen auf einem anderen Weg in ihr Land zurückgingen, um nicht mehr zu Herodes zu kommen. Aber man kann wohl davon ausgehen, dass dies auf die gleiche Art und Weise geschah, wie sie auch den Hinweg genommen hatten. Es wird nur anfangs ein, gegen die Gesamtstrecke, kleiner Umweg gewesen sein, der aber doch nur eine geringere Belastung gewesen sein dürfte. Im Endeffekt wird die Hauptstrecke wieder nach Osten gesteuert sein. Diese wird daher auch damit nochmal einige Zeit in Anspruch genommen haben.

In diesem Zusammenhang sei auch auf die bereits benannte dritte Konjunktion hingewiesen, bei deren letztmaligen Treffen sich dann alle voneinander verabschiedet haben.

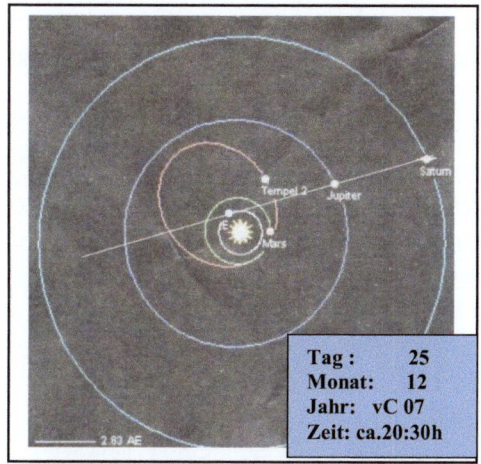

Tag :	25
Monat:	12
Jahr: vC 07	
Zeit: ca.20:30h	

Unser Sonnensystem: Stand 25.**12**.07 v.Chr

Aber hierbei tritt nun, in die Zeit der Rückreise, unsere dritte Planeten Konstellation in Erscheinung. Man weiß auch nicht wie lange ihr Aufenthalt in Israel gedauert hat. Aber es liegt nahe, dass der „Stern", der ihnen die ganzen Monate hindurch ein steter Begleiter war, sich nun weiter in Richtung Westen entfernte, wärend sie jetzt wieder den Rückzug gen Osten antraten. Man konnte dann aber im Westen noch deutlich erkennen, dass das Planeten-Duo sich um den 25. Dezember noch einmal ein zusammentreffen am Himmel einging.

3. Konjunktion

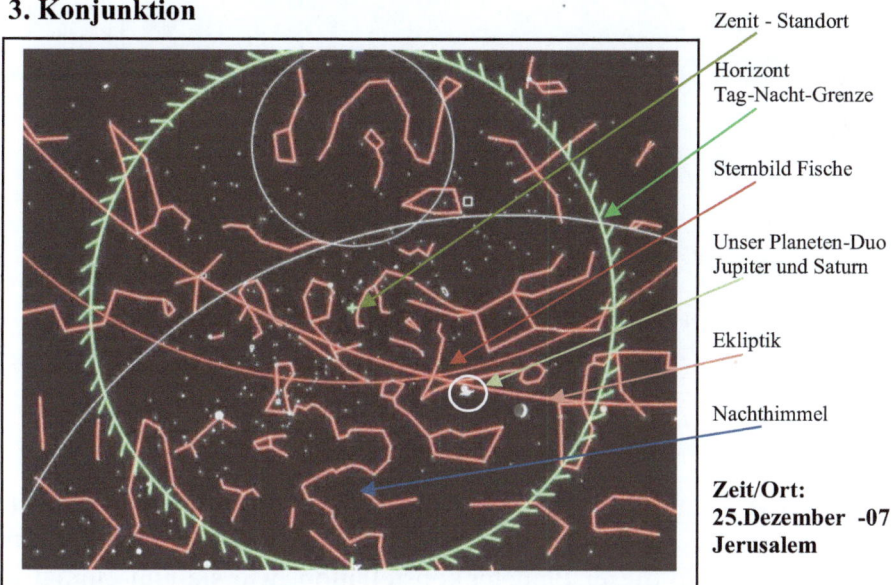

Zenit - Standort

Horizont
Tag-Nacht-Grenze

Sternbild Fische

Unser Planeten-Duo
Jupiter und Saturn

Ekliptik

Nachthimmel

Zeit/Ort:
25.Dezember -07
Jerusalem

Ab diesem Zeitpunkt trennten auch Jupiter und Saturn sich wieder am Firmament und jeder ging als bald seinen eigenen Weg. So sah es zumindest der Beobachter von der Erde aus israelischer Sicht.

57

Das Jahr geht zu Ende und am Himmel sind unsere „Freunde" ein letztes Mal zu beobachten, wie sie allmählich den erkennbaren Bereich von Jerusalem verlassen. Es war am 10.03.06 v.Chr. um 20:40h, Saturn verlässt als erster den Sichtbarkeitsbereich, (Siehe Bild) ihm folgte dann 12Tage und sechs Min. später am 22.03. um 20:46h der große Planet Jupiter, auch er verlässt den Nacht-himmel um dann für viele Jahre auf ein gemeinsames engeres Wiedersehen in der irdischen Nacht zu

Sichtbarkeitsbereich –Horizont

Standort
Jerusalem
Zenit.
Sternbild
Fische
Sonne

Saturn
Jupiter

Merkur

Nachthimmel am 10.03.06 v.Chr.
Man kann schon die deutliche „Trennung" von Jupiter und Saturn erkennen.

verzichten. An dem Zeitlichen Unterschied kann man bereits erkennen, wie weit sich die Beiden schon voneinander entfernt hatten. Selbst in dieser Planetenkonstellation, wie sie nun einmal in jenem Jahr zu bestaunen war, wird es, wenn überhaupt, noch einige tausend Jahre dauern um eine derartige Zusammenkunft all jener Himmelserscheinungen zu beobachten, wie sie sich in dem Jahre der **wahrscheinlichen** Geburt Jesu uns gezeigt haben.

58

12. Weiterer geschichtlicher Hintergrund

Sehen wir uns heute in der christlichen Welt um, so werden wir feststellen, dass Weihnachten als die Geburt Jesu zu unterschiedlichen Zeiten begangen wird. Wie einleitend erwähnt, gab es 1582 die große Kalenderreform unter Papst Gregor XIII. Wobei kurzer Hand 10 Tage aus dem Kalender gestrichen wurden. Dieser Reform schlossen sich aber nicht alle Länder an. Wodurch es dann zu unterschiedlichen Terminen von zuvor festgelegten Feiertagen kam. In den Bereichen, in der die römisch katholische Kirche ihren Einfluss geltend machte, feiert man den Weihnachtstag am 25. Dezember. In der östlich gelegenen christlich orthodoxen Kirche wurde dieser Tag zwar auch beibehalten, nur war dieser nicht nach dem Gregorianischen Kalender, sondern sie rechnete ihre Zeit noch nach der julianischen Epoche. Aber die war ja nun um 10 Tage voraus. Somit lag deren 25. Dezember erst am 15. Dezember in gregorianischer Zeitrechnung. Da die östlichen Länder erst ein paar Jahrhunderte später die westliche Zeitrechnung übernahmen, war in jener vergangen Zeit der Unterschied schon auf 13 Tage angewachsen. Somit war dann das östliche Weihnachtsfest schon auf den 07. Januar vorgerückt. In den Ländern wurde nun überall auf staatlicher Ebene nach dem gregorianischem Kalender gerechnet. Russland z.B. übernahm ihn erst 1918, aber die orthodoxe Kirche in diesem Land blieb dem julianischen Kalender treu.

Daher wird das Weihnachtsfest dort auch heute noch an dem Tag gefeiert, der, nach unserer Rechnung, auf den 07. Januar fällt.

Eine weitere Begebenheit ist besonders im Hinblick auf unsere hier erzählte Geschichte von Interesse.

In der morgenländischen Kirche war für den Dienstag, Mittwoch und Donnerstag der dritten Woche **nach Ostern** die gleiche Leseordnung vorgeschrieben wie zu Weihnachten.

- Die war bei den Armeniern die am 7. Januar und in der georgischen Kirche die am 25. Dezember -.

Es gab also in der altpalästinensischen Kirche eine Zeit, in der der Geburtstag Jesu Mitte Mai gefeiert wurde.

In einer alten Überlieferung ist zu lesen: *Die Jungfrau Egeria beschrieb in einem Reisebericht für diese Zeit eine besondere Feier in der Geburtskirche mit nächtlichem Gottesdienst zu Betlehem.*

Eine auf der Brust getragene Reliquienkapsel (Enkolpion) im Museum von Konstantinopel stellt eine Krippe dar und verweist in der Beischrift **auf den 25. Mai** (Pachoni).

Eine Abschrift einer altpalästinensischen Liturgie führt die Weihnachtsliturgie für den **16. bis 28. Mai** auf. (Kluge)

In Ägypten gab Clemens von Alexandria jedoch schon zu Beginn des 3. Jh. einen Tag zwischen Ostern und Pfingsten als Geburtsdatum an.

In den ältesten Christlichen Kalendern, z.B. im Osterkanon des Hippolyt von Rom, *De Pascha computus* aus dem Jahre 222, wurde Jesu Geburt **und** sein Tod, auf den 14. Nissan (1. April) gelegt.

Wenn nun dies auch alles in der nachchristliche Zeit zutraf, dann wäre dieses absolut nun mal auch ein weiterer Hinweis, der die vorher genannten Ereignisse noch erhärten würde.

13. Zum Abschluss

Am Ende der Erzählung möchte ich noch ein paar persönliche Gedanken zu den ganzen Schilderungen darstellen. Es war schon seit Jahren mein Wunsch, einmal zu einem Thema zu schreiben, das in seiner langen Geschichte keinen rechten Anhaltspunkt widerspiegelt, der auch nur einigermaßen auf ein Ereignis hindeutet, was zu einem plausiblen oder gar realen Hinweis führt. Es wurden schon so viele Darstellungen gerade über diese Epoche wiedergegeben, die zum Teil sogar widersprüchlich waren, aber letzten Endes keine wirklich befriedigenden Angaben machten.
Einen Hinweis für eine Begebenheit die uns täglich im Alltag beschäftigt, die wir aber gar nicht mehr wirklich wahrnehmen: Unser Kalender. In dem die Jahresangabe **nach Christi Geburt** angegeben wird. Es war also, so finde ich, eine interessante Aufgabenstellung der ich mich nun unterzog.
Bei all den Recherchen die zur Materie von Nöten waren, kamen ja so viele Dinge zu Tage, die man im Alltag vielleicht wahrnimmt aber dennoch nicht weiter beachtet. Es sind auch viele Fragen die sich zu dem ganzen Inhalt gesellen, deren Antworten eine Gewisse Spannung in die Episode brachten. Es war schon sehr ermutigend, wie man im Verlaufe des Geschehens bemerkte, wie sich doch die ganze Geschichte wie ein Mosaik zusammenfügte und man auch das Gefühl bekam, dass sich Ereignisse plausibel zu- und ineinander fügten. Es mag sein, dass meine Aufzeichnung für den Einen oder Anderen keine befriedigende Darstellung der damaligen Zeit bedeutet.
Wie man aus vielen Dokumentationen, Berichten und auch aus mehreren wissenschaftlichen Veröffentlichungen erfahren kann, wird gerade durch einige, selbst namhafte Persönlichkeiten, die Entstehung unseres Daseins, seit dem Urknall und die weitere Entwicklung, damit erklärt, dass wir für unsere Existenz mit all den Begebenheiten und Tatsachen die uns umgeben, nun mal großes Glück hatten und das Alles nur einem großen Zufall zu verdanken sei. Nun bin ich der Meinung, dass es um diese Sichtweise der

Schöpfung, ein größerer Glaube erforderlich ist, als jener, den die vielen Religionen unserer Welt an einen Schöpfergott erwarten. Aus diesem Grunde ist Glaube und Geist nicht voneinander trennbar weil das eine ohne das andere, wenn überhaupt, nur schwer verständlich ist. Daher: *Fides quaerere Intellektum,* Der Glaube sucht die Vernunft (Geist).

Aber ich erhebe keinerlei Anspruch darauf, dass nun dies die tatsächliche Chronik des biblischen Geschehens darstellt. Es ist lediglich, meiner Meinung nach, eine schöne Geschichte die darüber eine Aussage macht, wie das Mysterium der Geburt Christi und damit der Beginn unsere Zeitrechnung abgelaufen sein könnte.

Vielleicht, und das wäre wünschenswert, gibt es auch Leser, die die Geschichte zum Nachdenken anregt, wie das ganze Geheimnis, und das wird sie im Grunde auch bleiben, in ihre Zeit passt.

Sternenhimmel, mit Milchstraße und Zodiakallicht, wie man ihn nur noch in ausgewählten Regionen und unter bestimmten Bedingungen bewundern kann. **Schade!**

Nun zum Abschluss noch ein passendes Gedicht zu den astronomischen Begebenheiten, von Matthias Claudius:

Die Sternseherin Lise

Ich sehe oft um Mitternacht,
wenn ich mein Werk getan
und niemand mehr im Hause wacht,
die Stern' am Himmel an.

Sie gehn da hin und her zerstreut
als Lämmer auf der Flur,
in Rudeln auch und aufgereiht
wie Perlen an der Schnur,

Und funkeln alle weit und breit
und funkeln rein und schön.
Ich seh die große Herrlichkeit
und kann mich satt nicht sehn.

Dann saget unterm Himmelszelt
mein Herz mir in der Brust:
Es gibt was Besseres in der Welt
als all ihr Schmerz und Lust.

Ich werf mich auf mein Lager hin
und liege lange wach
und suche es in meinem Sinn
und sehne mich danach.

Matthias Claudius